中国供应链发展报告

（2021）

中国物流与采购联合会　编著

人民邮电出版社

北　京

图书在版编目（CIP）数据

中国供应链发展报告. 2021 / 中国物流与采购联合
会编著. -- 北京：人民邮电出版社，2022.8（2022.9重印）
ISBN 978-7-115-59407-5

Ⅰ．①中… Ⅱ．①中… Ⅲ．①供应链管理－研究报告
－中国－2021 Ⅳ．①F259.21

中国版本图书馆CIP数据核字（2022）第094761号

◆ 编　　著　中国物流与采购联合会
　　责任编辑　马　霞
　　责任印制　周昇亮
◆ 人民邮电出版社出版发行　　北京市丰台区成寿寺路 11 号
　　邮编　100164　电子邮件　315@ptpress.com.cn
　　网址　https://www.ptpress.com.cn
　　涿州市京南印刷厂印刷
◆ 开本：700×1000　1/16
　　印张：14.75　　　　　　　2022 年 8 月第 1 版
　　字数：218 千字　　　　　 2022 年 9 月河北第 3 次印刷

定价：159.00 元

读者服务热线：（010）81055296　印装质量热线：（010）81055316
反盗版热线：（010）81055315
广告经营许可证：京东市监广登字 20170147 号

编委会

主　任:

　　蔡　进　中国物流与采购联合会副会长

副主任:

　　胡大剑　中国物流与采购联合会会长助理

　　　　　　中国物流与采购联合会采购与供应链管理专业委员会主任

主　编:

　　彭新良　中国物流与采购联合会采购与供应链管理专业委员会常务副主任

副主编:

　　马天琦　中国物流与采购联合会采购与供应链管理专业委员会研究室主任

编写组:(按姓氏笔画排序)

　　于　宇　　王婧琨　　刘伟华　　刘馨允　　孙赫宏　　杨　丽　　杨明泽　　肖　潇

　　吴英健　　吴树贵　　邱　普　　邹儒懿　　陈　晨　　金宗凯　　赵洁玉　　胡　勇

　　侯海云　　袁超伦　　夏振来　　徐晓东　　徐璐杨　　董　明　　雷　兵　　蔡盛洁

　　潘新英

前言

中国物流与采购联合会会长　何黎明

2021 年，随着供应链创新与发展步伐不断加快，我国供应链创新与应用工作由过去的试点阶段进入全面的示范创建阶段，供应链在各个领域都发生了很大的变化：与大数据、云计算、人工智能、物联网等新技术深度融合的数字化供应链转型加快发展，产业链供应链的韧性不断提高，从业者对供应链安全、自主可控的认识进一步深入，供应链的知识体系构建、专业人才培养和基础设施建设也全面步入了快车道。

中国供应链的创新发展，是与党中央、国务院高度重视产业链供应链工作分不开的。自新冠肺炎疫情突袭以来，习近平总书记多次强调要高度重视产业链供应链稳定、高效和安全，"保产业链供应链稳定"被列为国家"六稳""六保"的重要任务之一；党的十九届五中全会提出要"提升产业链供应链现代化水平"；2020 年年底中央经济工作会议将"增强产业链供应链自主可控能力"列为八大重点任务之一；《中华人民共和国国民经济和社会发展第十四个五年规划和 2035 年远景目标纲要》中有 13 处提到供应链，明确要求要"分行业做好供应链战略设计和精准施策，形成具有更强创新力、更高附加值、更安全可靠的产业链供应链"，为供应链创新发展指明了方向。中共中央政治局在 2021 年 7 月 30 日召开的会议中指出，要强化科技创新和产业链供应链韧性，加强基础研究，推动应用研究，开展补链强链专项行动，加快解决"卡脖子"难题，发展专精特新中小企业。

新冠肺炎疫情和中美贸易摩擦带来的影响已经证实，产业链供应链安全稳定具有不可替代的价值。只有构建安全稳定的产业链供应链，才能有效应对复杂多变的国内外政治、经济环境。

为增强供应链韧性、提升供应链自我修复能力，继2018年商务部等8部门共同启动供应链创新与应用试点工作，评选出266家试点企业和55个试点城市以来，经过两年多的试点，2021年3月30日，商务部等8家单位共同发布了《关于开展全国供应链创新与应用示范创建工作的通知》（商流通函〔2021〕113号），要求力争用5年时间培育一批全国供应链创新与应用示范城市和示范企业。这项工作的开展，将有助于增强我国重点行业供应链的控制力和保障力。

中国物流与采购联合会作为8家单位之一，共同参与对试点城市和企业进行评定验收，并评选出首批10个示范城市和94家示范企业。从2022年开始，8家单位将继续贯彻落实国务院办公厅84号文件关于培育一批供应链全球领先企业的精神，坚持高标准、严要求，吸收一批优秀企业和一些重要的城市进入供应链示范创建序列中，为加快构建以国内大循环为主体、国内国际双循环相互促进的新发展格局提供有力支撑。

《中国供应链发展报告（2021）》是中国物流与采购联合会组织编撰的供应链行业年度发展报告，旨在通过整理和发布我国各产业链中最新的供应链理论研究成果与应用创新实践，引导行业企业实现服务模式创新和转型升级，为构建协同化、标准化、数字化、绿色化、全球化的现代供应链体系，提供参考和借鉴。2021年的发展报告重点总结了供应链创新与应用试点、示范的先进经验，从宏观层面和中观层面深度剖析了2021年供应链发展中的新问题、新特点，并对今后供应链发展的新趋势进行了研判。

本报告在编写过程中，得到了业内专家和供应链领域知名企业、资深人士的广泛支持。在此，我代表中国物流与采购联合会，对长期以来一直关注和支持协会工作的专家学者、研究机构和行业同仁，表示衷心的感谢！

供应链的创新不止，中国物流与采购联合会的脚步不停。希望《中国供应链发展报告（2021）》得到越来越多业界同仁的关心和帮助，让更多、更新、更丰富的理论研究与实践创新呈现在中国供应链人面前。

目录

上篇　行业趋势

下篇　行业应用

上篇

行业趋势

01

全国供应链创新与应用试点及示范企业分析

中国物流与采购联合会

杨明泽、吴英健

2021 年是具有里程碑意义的一年，在以习近平同志为核心的党中央坚强领导下，我国全面建成小康社会，实现第一个百年奋斗目标，全面开启建设社会主义现代化国家的新征程，向第二个百年奋斗目标进军。据国家统计局初步核算，2021 全年国内生产总值 1 143 670 亿元，按不变价格计算，比上年增长 8.1%。其中，第一产业增加值 83 086 亿元，比上年增长 7.1%；第二产业增加值 450 904 亿元，比上年增长 8.2%；第三产业增加值 609 680 亿元，比上年增长 8.2%。在新冠肺炎疫情背景下，受益于较为完备的产业链和供应链，我国工业品出口持续较快增长，对工业生产拉动作用增强，尤其是关键行业。2021 年，医药制造业、汽车制造业、化学原料和化学制品制造业、金属制品业出口比上年分别增长 64.6%、40.3%、40.3%、39.9%，重点产品如新能源汽车、工业机器人、集成电路、微型计算机设备产量分别同比增长 145.6%、44.9%、33.3%、22.3%。

在 2021 年年初召开的党的十九届五中全会上，中央将"提升产业链供应链现代化水平"，作为"十四五"期间"加快发展现代产业体系、推动经济体系优化"目标的重要组成部分，为我国供应链工作提出了新要求。虽然 2021 年全年工业经济持续稳定恢复，企业生产经营相比前两年有所改善，但同时国内产业链供应链一些堵点、卡点仍较明显，下游中小微企业生产经营困难依然较大。新冠疫情和贸易摩擦已经证实了产业链供应链安全稳定具有不可替代的价值，是后疫情时代的核心竞争力。只有安全稳定的产业链供应链，才能有效应对复杂多变的国内外政治经济环境。变革的时代需要思想创新、理论创新、管理创新和商业创新。2021 年 7 月 30 日，中共中央政治局会议提出，要强化科技创新和产业链供应链韧性，加强基础研究，推动应用研究，开展补链强链专项行动，加快解决"卡脖子"难题。

同样是在 7 月，商务部、中物联等 8 部门在全国供应链创新与应用试点工作基础上，又联合开展了全国供应链创新与应用示范创建工作，从 266 家试点企业中评选出了 94 家第一批示范企业，其中包含大量在各自行业中处于龙头地位的领军企业。经过 2 年多的探索与实践，这些企业形成了一批具有重要参考价值的供应链创新发展经验，构建了一批整合能力强、协同效率高的供应链平台，落地了一批适应中国国情的供应链新技术，培育了一批供应链体系完整、国际竞争力强的产业集群，为探索中国适用的供应链创新指引了方向。中物联作为推进全国供应链创新与应用工作的 8 部门之一，着重整理分析了试点示范企业的先进经验，以期为广大供应链从业者提供有益参考。

1.1　全国供应链创新与应用试点企业与示范企业数据对比

1.1.1　试点企业基础数据

1. 试点企业地域分布

北京、江苏、广东和浙江的试点企业数量最多，分别为 37 家、33 家、30 家和 26 家，共计 126 家企业，约占全部试点企业数量的一半，见图 1-1。表 1-1 也统计了各区域试点企业数量分布。

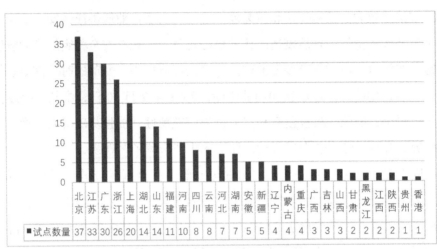

图1-1 试点企业省级行政区分布数量

表1-1 各区域试点企业数量分布

地区	总数	占比	总计
东北	9	3.38%	约100.00%
华东	111	41.73%	
华北	51	19.17%	
华中	31	11.65%	
华南	34	12.78%	
西南	21	7.89%	
西北	9	3.38%	
长三角	84	31.58%	66.54%
珠三角	31	11.65%	
环渤海	62	23.31%	

区域性经济发展分布也可以在试点企业分布中得到体现。华东地区的试点企业数量为111家，占比达到41.73%。长江三角洲、珠江三角洲与环渤海地区的试点企业数量分别为84家、31家以及62家，分别占比31.58%、11.65%和23.31%，共计66.54%。也就是说，这三个区域拥有试点企业数量的2/3。

2. 试点企业行业

表1-2将试点企业的主营业务按照工业制造、供应链服务、农产品生产

及加工和供应链金融等四个领域进行划分，这四个领域的试点企业数量分别为 117 家、92 家、52 家和 5 家，分布在 43 个细分行业中。

表 1-2 试点企业行业类别与性质分布

企业性质	国有独资		混合所有制				民企	外资独资	总计
	中央企业	地方国企	国有控股	其他	中外合资	中外合作			
工业制造	26	8	21	12	3	1	44	2	117
供应链金融	2		3						5
供应链服务	2	8	18	13	2		48	1	92
农产品生产及加工		14	2	9			27		52
合计	30	30	44	34	5	1			
总计	60		84				119	3	266

就细分行业而言，在工业制造领域，汽车零配件、设备制造、计算机通信、医药和医疗器械及钢铁行业的试点企业数量排名前五，分别为 13 家、12 家、11 家、10 家和 9 家。在供应链服务领域，主营业务为仓储物流的试点企业有 33 家，占据供应链服务领域试点企业数量的 35.9%，零售业有 19 家，占20.7%。在农产品生产及加工领域，果蔬、肉品和禽蛋行业的试点企业数量位列前三，数量分别为 11 家、8 家和 5 家。另外，粮食、农资、乳制品行业的试点企业数量均为 4 家。

3. 试点企业性质

表 1-2 也展示了企业的性质。在 266 家试点企业中，国有独资企业 60 家，其中央企 30 家；混合所有制企业 84 家，其中国有控股企业 44 家，中外合资企业 5 家，中外合作企业 1 家；民营企业 119 家；外资独资企业 3 家。表 1-3 展示了试点企业的上市情况，试点企业中，上市企业有 106 家，占比近 40%。

表 1-3 试点企业上市情况

状态	数量	占比
未上市	159	59.77%
已上市	106	39.85%
已退市	1	0.38%

1.1.2 示范企业基础数据

1. 示范企业地域

图 1-2 展示了示范企业的地域分布。北京、浙江各有 15 家示范企业，江苏、广东均有 11 家示范企业。四个省（市）的示范企业数量占全国的比例为 55.3%。可以说，这四个省（市）的供应链发展处于全国领先水平。

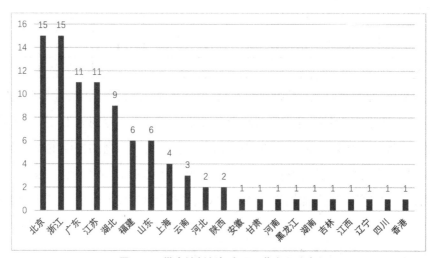

图 1-2　供应链创新与应用示范企业分布

从区域来看，华东地区示范企业数量 44 家，华北地区 17 家，华南地区 12 家，华中地区 11 家，西南地区 4 家，东北地区和西北地区各有 3 家。长三角地区的示范企业数量为 30 家，环渤海经济圈示范企业数量为 22 家，珠三角地区示范企业数量为 12 家。这三个经济带示范企业数量总计 64 家，占总数的 68%。

2. 示范企业行业

图 1-3 展示了示范企业的行业分布。示范企业中，工业制造企业 50 家，服务企业 32 家，农产品生产及加工企业 12 家，分布在 32 个细分行业。仓储物流、供应链服务、计算机通信和零售行业的示范企业数量较多，分别为

11 家、8 家、6 家和 6 家。

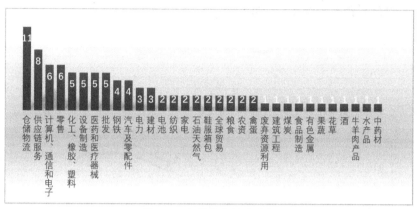

图 1-3　示范企业行业分布

3. 示范企业性质

表 1-4 展示了示范企业行业性质。94 家示范企业中，民营企业 41 家；混合所有制企业共 30 家，其中国有控股企业 18 家；国有独资企业共 23 家，其中央企 15 家。上市公司有 42 家，占比 44.7%。

表 1-4　示范企业性质

企业性质	国有独资		混合所有制				民营企业	总计
	中央企业	地方国企	国有控股	中外合作	中外合资	其他		
工业制造	14	5	7	1	1	5	17	50
供应链服务	1	1	10			4	16	32
农产品生产及加工		2	1			1	8	12
合计	15	8	18	1	1	10		
总计	23		30				41	94

1.1.3　关键行业试点企业及示范企业数据对比

1. 工业制造类试点企业数据

经中物联统计，工业制造类试点企业 2019 年度、2020 年度季度平均订单交付率（图 1-4）、平均质量合格率（图 1-5）、平均营收增长百分比（图 1-6）及平均库存周转率（图 1-7）如下。

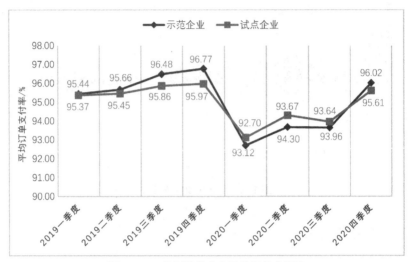

图 1-4　工业制造类企业平均订单交付率

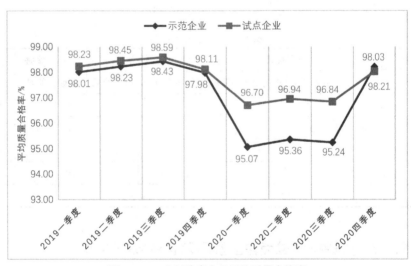

图 1-5　工业制造类企业平均质量合格率

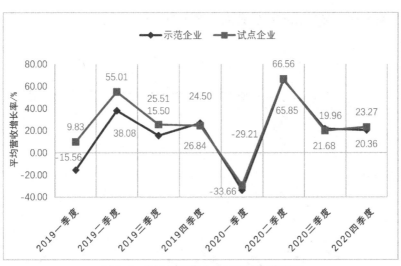

图 1-6　工业制造类企业平均营收增长率

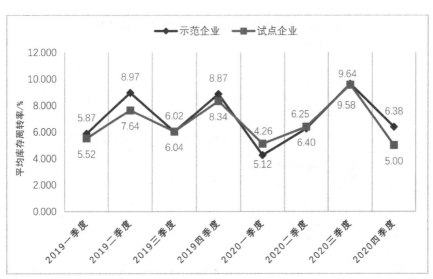

图 1-7　工业制造类企业平均库存周转率

2. 农产品生产及加工类试点企业数据

经中物联统计，农产品生产及加工类试点企业 2019 年度、2020 年度季度平均订单交付率（图 1-8）、平均质量合格率（图 1-9）、平均营收增长百分比（图 1-10）及平均库存周转率（图 1-11）如下。

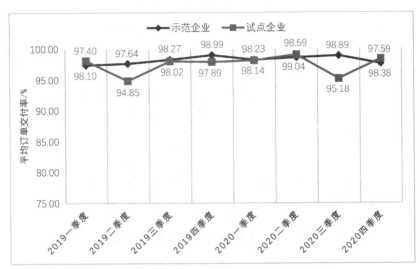

图 1-8　农产品生产及加工类企业平均订单交付率

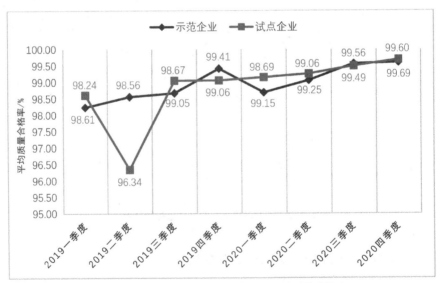

图 1-9　农产品生产及加工类企业平均质量合格率

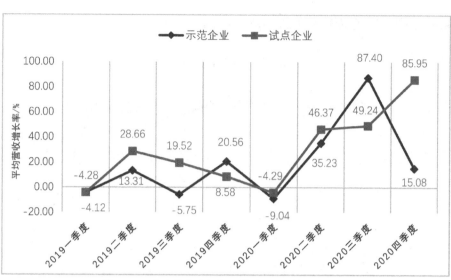

图 1-10　农产品生产及加工类企业平均营收增长率

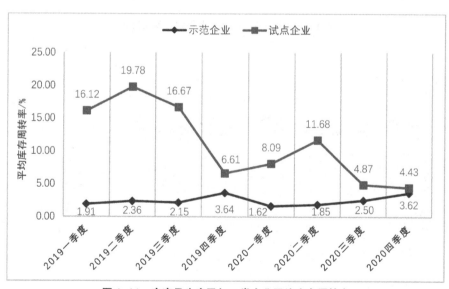

图 1-11　农产品生产及加工类企业平均库存周转率

3. 供应链服务类试点企业数据

经中物联统计，供应链服务类试点企业 2019 年度、2020 年度季度平均订单交付率（图 1-12）、平均质量合格率（图 1-13）、平均营收增长百分比（图

1-14）及平均库存周转率（图 1-15）如下。

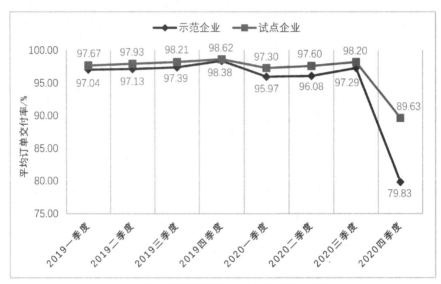

图 1-12　供应链服务类企业平均订单交付率

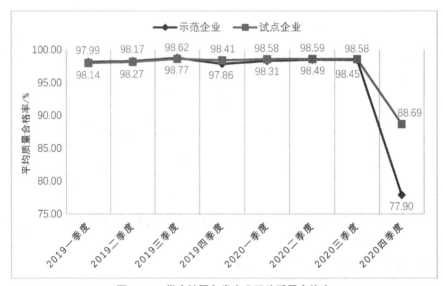

图 1-13　供应链服务类企业平均质量合格率

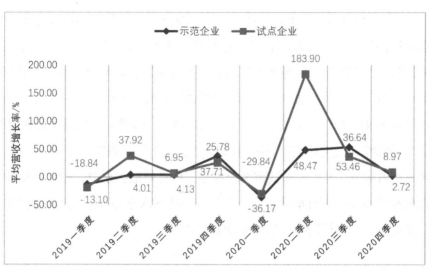

图 1-14 供应链类企业平均营收增长率

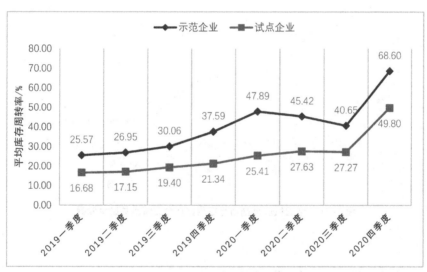

图 1-15 供应链服务类企业平均库存周转率

1.2 全国供应链创新与应用热词与企业优秀经验

经统计，全国供应链创新与应用试点企业关键词频数分布如图 1-16 所示。在 266 家企业提交的试点工作终期总结报告中，"平台化""数字化"与"协同"出现的频次分别为 180、146、133，在所有关键词中排名前列，说明这是供应链创新与应用试点企业工作的焦点，符合近几年我国企业数字化转型的大趋势。"智慧化"出现频次为 99，一部分试点企业已经由数字化供应链开始向智慧化供应链升级。"云应用""绿色供应链""标准化"与"人才培养"频次分别为 81、76、73 和 65，属于第三梯度的工作内容。"电商化采购""集约化""敏捷""自主可控""安全稳定""全生命周期管理"以及"弹性"出现频率相对较低，但相较于试点企业中期工作总结报告来说，占比大大提升。这说明在党和国家积极推动下，企业供应链建设水平与理念在不断提高和发展，企业也愈发认识到供应链安全的重要性。

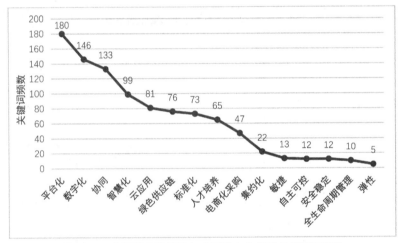

图 1-16　全国供应链创新与应用试点企业试点关键词频数

1.2.1　核心热词：平台化

随着经济社会的发展，平台经济得到越来越多的关注和认可。经统计，超过 2/3 的试点企业自建相关平台，超过 3/4 的企业利用业务平台加强与产业链上下游的协同互动。很多整合能力强、协同效率高的供应链平台脱颖而出，串联了整个产业链供应链，带动全行业供应链发展水平提升。

在农产品生产及加工领域，伊利率先建设了农业资源整合平台，产业链向上下游延伸，强化农业生产、农产品加工以及成品销售各个节点之间的协同，通过平台实现了农工商一体化协同发展，为同行业企业提供了值得借鉴的平台建设经验。

全国棉花交易市场集团建立并完善了全国性的棉花电商服务平台 e 棉网，为产业链上下游提供覆盖业务全流程的平台交易环境，提供交易通道，有效提高从棉花采摘到加工的供应链效率，降低了行业性风险。

禾丰牧业是畜牧业企业平台化建设的经验典范，充分发挥了核心企业整合资源能力，建立了链接种鸡场、孵化企业、饲料生产企业、养殖企业、肉鸡屠宰企业、养殖户、物流服务商和渠道商等供应链关键参与者的平台，实现了全流程信息资源共享，实时动态展现，提高了肉鸡养殖供应链运营效率。

在工业制造领域，海尔卡奥斯建立了领先的工业互联网平台，通过平台赋能供应链上下游企业，大幅提高了产业链供应链的运营效率。海尔作为中国最早一批探索工业互联网的企业，自 2012 年就开始智能制造转型的探索实践，从大规模制造转型大规模定制。作为由海尔自主研发的，具有中国自主知识产权的工业互联网平台，COSMOPlat 核心是大规模定制模式，可跨行业、跨领域、跨文化复制，创造用户终身价值，实现企业、用户、资源的共创共赢共享。

双星轮胎建立了以智能研发平台、智能制造平台、智能服务平台为核心的双星供应链管理体系，赋能外部企业参与研发设计，有力推动了产品、服务、流程等关键节点的创新，整合了优质资源，服务用户与经销商，实现了多方共赢。

河钢集团建立了工业品超市平台与智慧物流平台。工业品超市平台业务覆盖企业劳保、办公用品采购、MRO（Maintenance，Repair，Operation，维护，维修，运行）工业品采购及生产物资采购。通过平台化运营实现采购业务归集，提高了采购和运输的效率，降低了相关业务成本。智慧物流平台对物流流向与流动路线、空车分布、会员车辆硬件消耗等因素进行分析，预测各条线路的运力需求，优化路线，加强车源、司机的标准化管理，提升运力资源优化配置，从而规模化、标准化及精确地满足货主需求。

在供应链服务领域，怡亚通、东方嘉盛等供应链服务企业平台化起步较早，通过聚集仓储物流、终端配送等社会资源，不断提高资源统筹能力与功能集成服务能力，提供交易、支付、物流等"一站式、一体化"服务。目前已经具备根据客户需求，通过平台提供研发支持、品牌推广、渠道优化等定制化供应链专业服务，对客户研发、生产、流通、销售和服务等供应链各环节形成强有力支撑。

1.2.2 核心热词：数字化

企业数字化转型是近年来我国企业管理的热点话题。面对日益复杂的内外部环境，传统组织结构与管理方式已经成为企业发展的瓶颈，数字化转型是企业适应新形势、提高管理能力的必然选择。我国政府积极推动全行业数字化建设，为企业数字化转型提供了政策引领与支持。在供应链创新与应用试点工作中，绝大多数企业有数字化转型的规划，许多企业发挥行业核心企业作用，带动全产业链数字化转型，提高了整个产业的管理能力与生产水平，在供应链竞争中处于优势地位。

国家电网以建设具有中国特色、国际领先的能源互联网企业战略为统领，用数字技术和数据要素驱动业务变革，打造"5E 一中心"的数字化供应链平台，形成更高效、更柔性、更敏捷的生产经营组织方式，实现国家电网公司的数字化供应链转型，有效推动供应链上下游企业的数字化进程。

中铁物贸建立供应链一体化服务生态，搭建了全数字化建筑行业供应链生态环境，业务覆盖物资采购、物资供应、现场物资管理服务、招标代理服务、电子商务、物流服务于一体的鲁班电商平台，基本覆盖国内主要轨道交通等大型基础设施建设项目，强化上游资源渠道，实现供应链数字一体化，为客户提供降本增效的供应链解决方案。

四联集团从业务流程优化、上下游协同两个维度持续推动产业链供应链数字化改造，确立"数据治理"作为数字化供应链建设的核心任务。通过业务数字化改造，集团风险管理部可以实时监测业务风险并进行干预，做到事前预防；通过集团信息系统的数字化改造，提升自身交易效率的同时将非标准化的各项交易数据标准化，为公司推动创新供应链数字化智慧化升级提供信息系统保障。

传化智联聚焦数字化升级，在园区服务、物流服务与增值业务等方面进行变革，打造直接面向客户的技术服务和技术实施能力，以数字化手段连接起了各类企业上下游及内外部信息系统，实现了企业物流一键发货、自动派单、运力调度、全程跟踪和一单到底等数字化管理，为供应链各节点企业提供定制化的行业供应链解决方案，实现货物"端到端"物流服务。

1.2.3　核心热词：协同

供应链协同是供应链中各节点企业实现协同运作的活动，通过协同进行信息共享、风险共担，实现供应链整体最优的集体行为。相较而言，平台化及数字化更多需要企业从内部管理入手，而协同是企业对外部环境的主动协调和适应。在供应链创新与应用试点企业中，大多数企业有实现供应链协同的规划，超过一半的企业已经通过各种机制及技术手段或平台实现产业链供应链上下游局部或全局协同。

TCL 集团积极建设网络化协同制造服务体系，吸引中小企业采购使用工业云服务，承接专业制造业务，强化研发设计、生产组织、质量控制和运营管理与核心企业的协同运行，突破资源约束和空间约束，提高产能利用效率。

浙江天伦、浙商中拓等企业在上游采购环节与国内外知名原材料供应商建立稳定战略合作关系，开展联合集采，降低采购成本。在下游销售环节，打通线上线下分销渠道，提升全链条效率与效益，助力相关产业转型升级和供给侧改革。

上汽通用聚焦供应链全流程数字化、智能化升级，通过全面高效的信息互通与数据辅助分析，助力供应商对汽车零部件趋势预判，实现对市场需求的敏捷响应、全链资源供需匹配以及上下游的高效协同，有效优化全产业链供应链总成本。

吉利控股积极开展产业链协同创新，具体包括研发协同、采购协同、制造协同及营销协同，打造精益制造和精益供应链，提高运营效率，实现全过程订单透明，缩短了交付周期，提高了客户满意度。

1.2.4 核心热词：智慧化

智慧供应链是数字供应链的进一步升级和完善。智慧供应链具有智慧化平台、数字化运营和自动化操作等能力或属性。近百家供应链创新与应用试点企业在试点总结报告中提出建设智慧供应链规划，部分行业的领先企业已经实现智慧供应链落地，有效提高了全产业链的运营效率，为供应链各个节点带来了更高价值。

京东智慧供应链将现代信息技术与京东集团多年供应链运营经验结合，运用"大云物移智"技术提升供应链运作管理和智能化水平，对合作品牌商进行开放赋能，极大地提升了上下游供应链管理能力及绩效，助力产业高质量发展。

盒马鲜生构建大数据驱动的智慧供应链平台，根据消费端的反馈实时调整供给能力，实现面向供应商的自动订货，帮助供应商进行分析决策，极大提高供需匹配的精准性。

福耀玻璃以客户需求为导向，分别建立"福耀供应链精益屋""智慧供应链协同平台"等，对供应链进行智慧化管理，用新兴技术打破企业内部以及企业之间的"墙"，增加供应链信息时效性、准确性和透明度。

1.2.5 核心热词：绿色供应链

绿色供应链在供应链管理各个环节融入可持续发展理念，使各个环节资源浪费最少，能量消耗最优，环境污染最少。建设绿色供应链与国家"双碳"战略一脉相承，是实现"双碳"战略的重要手段。部分供应链创新与应用试点企业积极相应党和国家号召，大力发展绿色供应链，带动产业链上下游各个节点绿色转型。

金风科技通过供应链协同平台 SCC 进行绿色供应链管理，建立了供应商绿色度评价标准，具体包括绿色设计、绿色采购、绿色生产、绿色交付等维度，有效推进供应商绿色程度。

厦门国贸、厦门建发、厦门象屿等以供应链全流程绿色化为发展目标，聚焦物流大通道建设，助力社会物流资源配置优化，积极投入绿色供应链技术的研发与创新，从"节能减排、循环利用"等各环节不断深挖，进一步打造绿色供应链服务体系。

航天长城专注绿色供应链建设，打造闭环供应链模式，根据自身业务特性，探索推动化纤品销售、租赁、清洗、回收再利用的绿色闭环供应链，最大程度地减少了浪费，提高了资源利用效率。

华能电商建立全生命周期的绿色供应链服务体系，从采购、交付、运营和回收等环节入手，为客户提供低碳环保、安全高效的供应链服务。

1.3　近期中国供应链发展趋势

基于全国供应链创新与应用试点与示范工作经验，我们总结了以下四条供应链发展趋势，供广大学者、从业者参考。

1.3.1　数字化转型加快

越来越多的企业运用新兴数字技术推动供应链转型升级、降本增效。许多企业利用智能算法进行供应链部分环节或全程管理，提升管理质量和水平；利用人机智能交互、智能物流等技术装备创新应用，实现供应链全流程智能化；利用电子数据交换技术、自动识别技术、地理信息系统技术等，实现订单、物流、库存可视化，进一步提高供应链透明度和可控性。大数据技术和人工智能等新一代信息技术的广泛应用，减少了人工经验偏差，提高了预测准确性和供应链运营效率，降低了供应链总成本。

一部分平台建设起步较早的企业已经开始将内部的供应链平台向外拓展服务功能，与外部供应链合作伙伴进行系统对接、功能集成、信息共享，构建产业供应链生态圈，提高社会资源整合优化效率。平台服务类型更加丰富，众包、用户参与设计、云设计等新型研发模式出现。平台的发展主要分为两个方向：一是横向发展，提供跨行业普适性的原材料供应、采购执行、仓储管理、库存管理、订单开发、产品代销、出口代理等集成化服务；二是纵向发展，深耕某个垂直行业，赋能研发设计、生产、服务等关键环节，提供专项资源、关键技术。

1.3.2 重视绿色可持续发展

供应链绿色发展是未来趋势。在"双碳"背景下，许多企业以全过程、全链条、全环节的绿色发展为导向，努力建设科技含量高、资源消耗低、环境污染少的供应链体系。一部分高污染、高能耗企业已经开始主动进行绿色供应链转型，包括选择绿色供应商，实施绿色采购，开展绿色生产，依托绿色物流，带动上下游相关企业采用先进的生产工艺、污染治理措施等，减少生产过程中的用水、用能及污染物排放，应用运输、装卸、仓储等环节的绿色标准，使用绿色包装。

1.3.3 安全稳定水平提升

党中央国务院高度重视供应链安全稳定，特别是在大国博弈与新冠肺炎疫情背景下，供应链自主可控能力愈发得到社会各界的广泛重视。大部分供应链创新与应用示范企业已经制定了供应链风控战略，并完善了相应风控制度。为提高供应链自主可控能力，各关键领域的龙头企业都开始调整供应链布局，建立本地化供应链备份，加大关键技术研发投入，避免或减少"卡脖子"情况。

1.3.4　参与全球供应链重构

新冠肺炎疫情让全球物流结构发生了较大变化，由此影响到全球供应链资源的配置，加速了全球供应链的重构。许多试点、示范企业作为我国供应链创新排头兵，率先主动抓住了全球供应链结构调整的机遇期，进一步融入全球供应链，开拓海外蓝海市场，尤其是电子信息、装备制造、新材料、新能源等关键产业，主动提升商品和服务的附加值和市场占有率，打造中国品牌和中国名牌，提高具有自主知识产权的核心技术和关键技术研发水平，部分行业逐步成为全球供应链中的价值核心。纺织服装、家电、钢铁等传统优势产业，电力设备、工程机械、高铁和轨道交通等装备制造优势产业，则是积极开展国际产能合作，加速布局"一带一路"沿线国家，配合相关国家工业化进程、产业升级的现实需求，打造优势互补、互促共进的区域供应链生态。

1.4　参考文献

[1]　国家统计局 . 国家统计局信息公开 [EB/OL]. [2022 年 1 月 26 日].

[2]　国家统计局 . 2021 年国民经济持续恢复，发展预期目标较好完成 [EB/OL]. [2022 年 1 月 26 日].

[3]　供应链创新与应用试点企业工作总结报告 [R]. 商务部、工信部、生态环境部、农业农村部、中国人民银行、国家市场监督管理总局、银保监会、中国物流与采购联合会，2020.

02

推进供应链数字化升级，助力供应链自主可控

天津大学管理与经济学部

刘伟华、袁超伦、王婧琨、刘馨允

供应链自主可控是企业正常经营的重要前提，是产业链稳定发展的强力保障，是国家供应链安全的重要路径，是全球供应链稳定运行的必要环节。企业是供应链运行的主体，供应链自主可控的核心在于企业层面的供应链自主可控。在数字化转型的背景下，企业要增强供应链的自主可控能力，构建具有可持续发展和安全高效的供应链，必须以供应链数字化作为重要抓手，通过敏捷化、生态化和平台化三条路径为增强供应链安全性、促进供应链可持续发展提供重要支持，最终助力供应链自主可控。

2.1　供应链自主可控的背景与内涵

产业链、供应链的安全稳定是构建新发展格局的基础，中央经济工作会议提出，要增强我国产业链供应链自主可控能力。对此，本节将在对供应链自主可控的时代背景和内涵分析的基础上，揭示实现供应链自主可控的重要性。

2.1.1　供应链自主可控背景分析

供应链全球化已成为世界经济的一个重要特征，全球化供应链管理可

---

*　本章内容受国家社科基金重大项目"智慧供应链创新与应用研究"（项目编号：18ZDA060）资助。

以实现国际企业间资源的集成和动态组合，从而更好地满足全球客户不断变化的产品和服务需求。然而，在供应链全球化发展的优势之下，我们也要注意到，供应链在全球范围内不断延长的同时也变得越来越脆弱。供应链是一个广泛的生态系统，生态系统中任何一个环节的失误都有可能造成整个生态系统的毁灭。特别地，在新冠肺炎疫情和贸易保护壁垒正在切断各国联系时，跨境供应链的脆弱性变得愈发清晰可见，这就迫使决策者重新考虑其覆盖全球的供应链布局，实现供应链自主可控[1]。我国更是明确地提出，增强产业链供应链自主可控能力是 2021 年经济工作的重点任务之一，这为推进供应链数字化升级、助力供应链实现自主可控提供了良好的发展环境。

1. 新冠肺炎疫情和贸易保护主义加剧我国供应链安全问题

随着改革开放进程的不断推进，中国制造业已经完全融入全球价值链，在国际分工体系中占据着举足轻重的地位，拥有数量最为庞大的全球供应链环节。身处全球供应链网络中，我国很多产业的发展都需要依赖国外采购，发展受制于人，供应链安全面临一定的挑战。例如在高端生产性设备制造业方面，我国存在较高的进口依赖性；在软件供应链方面，我国数据库及服务器软件尚未实现自主研发，操作系统也高度依赖国外的计算机核心操作系统和主流的手机操作系统，短板较为突出；在关键的工业半成品及元器件方面，高端芯片等高端领域自主研发与生产能力不强，一旦对外采购出现问题，将有可能导致芯片供应的中断，对众多产业的稳定运行产生影响[2]。

新冠肺炎疫情的出现使全球供应链循环受阻，这愈发凸显出拥有自主、完整、富有韧性和弹性的供应链的重要性。2020 年以来，受新冠肺炎疫情的冲击以及国际贸易保护主义抬头的影响，我国经济社会发展受到了很大的冲击。一些行业的产业供应链供给不畅，"断链""断供"的情况屡有发生，对供应链的安全稳定带来了负面影响。达特茅斯学院的经济学家 Davin Chor 称，COVID-19 疫情已促使企业重新评估它们的全球价值链策略，如果关键供应方经历封锁或遭受不同的自然灾害，企业要确保有替代来源[1]。事实上，一些国家已经采取措施，将部分关键供应链移回本国，或进行供应链再布局。这也为我国的供应链自主可控发展敲响了警钟，实现我国供应链自主可控已成为当务之急[2]。为了保证供应链的安全稳定，我国必须要掌控自身供应链的关键环节，弥补技术方面的短板，只有在产业链供应链的关键技术和环节上不过度依赖国外采购，实现自主可控，才能避免出现众多产业发展受制于人的困境。

2. 实现供应链自主可控是构建经济双循环之路的前提和基础

2020年5月14日，中共中央政治局常务委员会会议首次提出"深化供给侧结构性改革，充分发挥我国超大规模市场优势和内需潜力，构建国内国际双循环相互促进的新发展格局"。事实上，产业链供应链安全是国家经济安全的重要内容，是构建以国内大循环为主体、国内国际双循环相互促进的新发展格局的基础和前提[3]；而保证供应链安全的根本手段，则是实现供应链的自主可控。

实现供应链自主可控，是构建新发展格局的必然选择，对于坚定不移地建设制造强国具有重要意义。加快构建以国内大循环为主体、国内国际双循环相互促进的新发展格局，意味着要在国内建设自主可控的供应链，即从原材料、设备到中间产品、制成品，再到消费者的购买的一系列环节都要实现自主可控[3]。2018年以来，个别发达国家对我国高科技制造业供应链实施了一系列打压行为，这也暴露出我国制造业供应链存在一些薄弱环节的问题。面对国际环境变化，党中央迅速做出构建新发展格局战略决策，提出构建自主可控、安全可靠的国内生产供应体系，在关键时刻可以做到自我循环，确保在极端情况下经济正常运转[5]。而我国巨大的内需市场和高效的产业集群则为实现供应链自主可控提供了重要保障。

3. 我国政策环境有利于供应链向自主可控的方向发展

2020 年以来，我国出台了一系列政策，促进供应链向自主可控方向发展，维护产业链供应链稳定。2020 年 4 月 17 日，中共中央政治局召开会议，将"保产业链供应链稳定"列为"六保"工作之一。2020 年 7 月 30 日召开的中共中央政治局会议提出，"要提高产业链供应链稳定性和竞争力，更加注重补短板和锻长板"，这对确保完成"六稳""六保"任务、决胜三大攻坚战具有重大意义。只有保持中国产业链供应链的稳定性和竞争力，中国经济复苏的主动权才能掌握在自己手里。2020 年 12 月 16 日至 18 日，中央经济工作会议进一步指出，要"增强产业链供应链自主可控能力"，针对产业薄弱环节，实施好关键核心技术攻关工程，尽快解决一批"卡脖子"问题，在产业优势领域精耕细作，搞出更多独门绝技。2021 年 3 月 24 日，国家发展和改革委员会等 13 部门联合印发《关于加快推动制造服务业高质量发展的意见》，提出"开展制造业供应链协同性、安全性、稳定性、竞争力等综合评估，研究绘制基于国内国际产业循环的制造业重点行业供应链全景图"，进一步强调了供应链安全对于制造业发展的重要性。

在上述政策中，关于确保产业链供应链安全的表述不断递进，从"保产业链供应链稳定"，到"提高产业链供应链稳定性和竞争力"，再到"增强产业链供应链自主可控能力"，这一系列政策形成了有利于供应链向自主可控的方向发展的政策环境。在未来的很长一段时期里，"自主可控能力"都将被视为实现产业链供应链稳定升级的关键"钥匙"[4]。

2.1.2　供应链自主可控的内涵分析

增强产业链供应链自主可控能力是保持我国制造业优势的根本途径，其中自主可控包含了"自主"和"可控"两方面内涵："自主"指的是，我国能够在关键供应链上起到主导作用；"可控"指的是，对于某些供应链，我国虽然不能主导，但却有较大的控制力和影响力[3]。一般来说，供应链领导者拥有不成比例的权力和主导其他供应链组织的能力，如果一个组织担当领导角色，则可以降低风险并防止供应链混乱，进而提升供应链可持续绩效[6]。因此，增强我国对供应链链条的领导能力，实现产业链供应链自主可控，是提升我国供应链绩效的重要方式，也是实现我国经济安全和产业安全的重要手段。

需要注意的是，实现"自主可控"，意味着供应链同时具有较好的韧性和弹性，能够在外界冲击下保持或快速恢复正常运行[3]。但是，产业链供应链的自主可控不等于自给自足、闭门造车，它是指构建国内大循环为主体、国内国际双循环相互促进的新发展格局过程中，在更高水平的对外开放过程中实现自主可控能力的提升。一方面，要在关键产业、关键环节具备国产化能力；另一方面，也需要加强国际合作，广开渠道，将国际先进技术为我所用。只有通过两种方式的结合，我国产业链供应链自主可控的目标才能实现，我国的经济安全才能得到切实保障[4]。

2.1.3 供应链自主可控必要性分析

供应链自主可控是国家供应链安全的落脚点，既是实现供应链安全的路径，也是根本目标。实现供应链自主可控，是企业正常经营的重要前提，是产业稳定发展的有力保障，也是全球供应链发展的强力支持。

1. 供应链自主可控是企业正常经营的重要前提

供应链是连接企业与上游供应商、下游客户的网链状组织，企业通过供应链进行供、产、销与资源整合，提升竞争优势。随着全球化的发展，供应链上企业之间的相互影响日益深远。在供应链的运行过程中，缺乏自主可控能力的供应链中的企业可能遭遇市场、合作、技术、信息、财务等多方面的风险，从而导致效率下降、利益受损，这对整个供应链网络将产生不利影响。

目前，我国在高端芯片领域与国际先进水平差距较大，"卡脖子"问题突出，多数企业处于供应链下游，一旦供应链出现断裂，将严重影响我国企业的经营发展。2018 年 4 月 16 日，美国商务部发布公告称，美国政府在未来 7 年内禁止中兴通讯向美国企业购买敏感产品，给中兴通讯带来沉重的打击，甚至造成公司自 2018 年 4 月 17 日开市起停牌。由此可见，供应链自主可控是确保我国企业业务连续运行的重要前提。提高供应链的自主可控能力，掌握供应链的核心和关键节点，使供应链风险最小化，才能更有效地保障我国的供应链安全，维护我国企业的正常经营。

2. 供应链自主可控是产业链稳定发展的有力保障

产业链的范畴大于供应链，供应链的自主可控决定着产业链的稳定发展。中国不仅是全球生产网络的重要一环，也是诸多制造业全球供应链的中心。但随着国际贸易环境的变化，我国产业链的稳定受到威胁。2019 年，中国工程院对 26 类制造业产业开展的产业链安全性评估结果显示，中国制造业产业链 60% 安全可控，部分产业对国外依赖程度大，其中，6 类产业自主可控，仅占比 23%[7]。目前，我国很多产业的发展都需要依赖向国外采购，在国际贸易不确定因素增加的背景下，许多产业发展受制于人的情况明显。海关总署数据显示，2020 年我国进口的集成电路商品价值高达 3500.36 亿美元，同比增长 14.6%，其中高端芯片占比不低，其严重依赖进口的问题亟待解决。整体而言，美国在高端数字、模拟、射频芯片等设计方面处于领先地位，尤其是高端芯片市场几乎被美国公司垄断[8]。由此可见，当前我国产业链发展形势严峻，在应对国内外经济环境变化的关键时期，实现供应链自主可控是对这一变化的主动应对，也是增强我国产业链在国际市场中的韧性的必经之路。如果不能保障供应链自主可控，科技创新的"低端锁定"效应很容易阻碍我国在国际市场的发展战略的推行[9]。保障供应链自主可控，可以发挥我国市场优势，积极应对国际经济环境变化，从而维护我国产业链稳定。

3. 供应链自主可控是全球供应链稳定运行的强力支持

全球供应链是指在全球范围内组建的供应链，全球系统依赖于全球运输基础设施和路线、信息技术、互联网和能源网络的相互关联。全球供应链的运行促进了经济的发展，但也存在着一定的风险，一个供应链环节的中断可能对全球供应链产生重大威胁。2021 年 3 月 23 日，一艘由中国台湾地区长荣海运营运的大型集装箱轮船"长赐号"在通过苏伊士运河时疑似因强风导致偏离航道搁浅[10]。3 月 29 日，"长赐号"成功重新上浮，其间共有 450 艘船只因"长赐号"搁浅事故被堵在苏伊士运河，船载货物包括食品、家具、衣物、健身器材、电子产品、汽车零部件等，全球多个行业受到波及影响，造成的经济损失更是高达数百亿美元。2021 年 4 月 6 日，一艘从匈牙利出发的意大利货轮在通过苏伊士运河时发动机突发故障，停在运河的 133 千米处，这直接导致了运河的再次堵塞[11]。虽然这次堵塞半天就恢复了，交通再次正常通行，但还是为我们敲响了警钟。中国是全球第一制造大国、世界供应链枢纽，拥有数量最为庞大的全球供应链环节，供应链任何环节的中断都可能对我国供应链环节产生影响，进而影响全球经济的发展。由此可见，实现我国供应链自主可控，是进一步维护全球繁荣稳定、保障全球经济稳定运行、维护国际贸易自由的强力支持。保障全球供应链高效发展，中国供应链的自主可控、稳定运营是不可或缺的关键环节。

2.2 供应链自主可控实施路径分析

2.2.1 我国供应链未实现自主可控的原因分析

实现供应链自主可控是加快制造强国建设步伐，推动产业高质量发展的重要途径。虽然我国目前自主创新能力有所提高，但关键环节的"卡脖子"问题仍然存在，仍有多方面的短板，这导致目前我国仍未能实现供应链的自主可控。

1. 缺乏供应链主导权

增加供应链自主可控能力，首先需要牢牢把握供应链主导权。美国电动汽车及能源公司特斯拉的优势就在于对供应链主导权的把控。依托庞大的供应商体系，特斯拉牢牢把握着供应链主导权，通过规模效应不断降低成本，达成技术创新、工程制造、用户体验和终端成本间的平衡[12]。目前来看，我国多方面的产业供应链仍然没有实现完全自主可控。一方面，多个行业依然需要对国外采购，尤其在高端生产性设备制造业、软件供应链行业，以及关键的工业半成品及元器件等方面，对外依赖性严重。一旦国际贸易不确定因素产生影响，对外采购就会出现问题，这对多行业都会产生不利影响。另一方面，目前我国大多传统制造业产品均存在着产品价值较低、品牌力量薄弱的现象。我国东部沿海地区服装制造业的生产量占全球 70%，但多是缺乏技术含量的标准化产品。这些产品以低价供往世界各地，品牌企业再进行进一步加工处理，然后以高价销往全球，我国企业缺乏供应链的话语权和领导权[2]。

2. 供应链体系稳健性薄弱

稳健的供应链需要供应链中的成员企业相对稳定，形成较强的系统性、一致性和竞争优势。我国是产业门类齐全、在全球具有举足轻重地位和影响的世界第一制造业大国[13]，但 2020 年突如其来的新冠肺炎疫情为我国乃至世界的供应链带来了巨大冲击，暴露出我国供应链体系稳健性不足的问题。供应链管理研究机构 2020 年 3 月进行的一项调查研究显示，近 75% 的公司报告称，由于与新冠肺炎疫情相关的运输限制，供应链出现了不同程度的中断，且近一半的企业对供应链的中断缺乏任何表面上的应急计划[14]。

从企业角度来看，一方面，我国供应链企业和组织大多是独立的法人实体，其物流、信息流、资金流以及环境等方面均存在着很多薄弱环节和风险隐患，这些都威胁着供应链的稳定运行；另一方面，我国很多企业缺乏核心技术，对外需求依赖性强，整体处于供应链中下游，在国外上游供应链节点企业供给出现问题时难以快速恢复供应链的正常运行。从全球范围来看，不断加剧的贸易壁垒与摩擦使全球供应链的稳定性都受到了严峻冲击。2018年以来，中美贸易摩擦不断加剧，各种关税壁垒与非关税壁垒为供应链企业带来了市场风险，进一步对我国供应链稳健性发出挑战。

3. 供应链弹性生产能力较差

供应链弹性是指供应链在部分失效时，仍能保持连续供应且快速恢复到正常供应状态的能力，是检验供应链抗风险能力的核心要素[9]。增强供应链弹性可以提高供应链的整体竞争力，目前，我国多数企业生产缺乏柔性规划，弹性能力管理不足，导致供应链整体弹性能力较差。在急需转产的情况下，企业很难快速做出响应调整生产，且部分企业的供应源较为单一，上游企业的供应中断很可能导致整条供应链生产出现断链风险。例如，汽车芯片是整个芯片产业中的一个重要组成部分，且目前已经高度集中化、垄断化，因此，一旦出现受疫情等影响导致供应链中断，则会严重影响传统汽车企业的生产销售。2020年以来，全球汽车行业芯片供应紧张的问题持续蔓延，ESP（电子稳定程序系统）和ECU（电子控制单元）两种车载电脑的核心芯片供不应求，生产线不够灵活又不占据资源配置优势的传统汽车企业受到严重影响[15]。

从制造业企业层面来看，大多企业甚至是产业链的头部企业供应链的数字化、智能化水平较低，难以提高供应链的灵活应变和协同能力；供应链上下游信息共享能力较差，抗中断风险能力不足。2020年，全球疫情的蔓延导致大范围停工停产，我国部分对外依赖性强的企业，由于上游链条生产的不确定供给影响了本土企业的复工复产。全球范围的疫情蔓延，导致更多国家纷纷采取更加严厉的防疫措施，而许多缺乏供应链弹性的企业，因此遭受重创。

2.2.2　供应链自主可控实施路径分析

增强产业链供应链的自主可控能力，最终目的是要实现链条的连续性、完整性与安全性。供应链数字化可以通过敏捷化、生态化和平台化三条路径为增强供应链安全性、促进供应链可持续发展提供重要支持。第一，供应链敏捷化的实现依赖供应链数字化的发展，通过数据驱动的敏捷化、柔性化和可定制的供应链可以提升供应链的响应水平和竞争力，进而增强产业链供应链自主可控能力[16]。第二，供应链生态化的实现有赖于数据资源的共享和模型的优化，其自组织、自修复、自管理、自演进的特征可以实现供应链生态的内部循环，从而通过提升供应链韧性来确保供应的安全性和持续性，进而提升供应链自主可控能力。第三，供应链平台化利用平台实时监控供应链运营状态，注重供应链各环节的协同配合和信息传递，规避风险，实现自主可控。总结上述供应链数字化助力自主可控的三条路径，可以得到实现供应链自主可控的总体实施路径，如图 2-1 所示。企业可以根据自身所在供应链的特点和需求，选择不同的路径和方式以实现供应链自主可控。

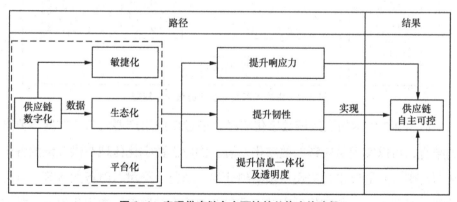

图 2-1　实现供应链自主可控的总体实施路径

1. 供应链数字化是自主可控的前提

实现供应链自主可控，必须抢占"数据"这一新型高级要素的使用先机和未来发展的制高点，推进产业链供应链与数字经济的深度融合，推进供应链数字化转型。如图 2-2 所示，企业可以通过以下几个方面，由浅入深地实现供应链数字化转型 [17]。一是加强对新型要素的培育和获取，推动对生产和消费环节实时数据的及时获取和存储，借助大数据、机器学习等技术深度挖掘数据要素价值，打破供应链各环节之间的信息孤岛。二是促进新型要素与传统要素的有机融合，将数据要素的使用贯穿供应链各个环节，发挥其对其他生产要素的"催化剂"作用，促进"劳动＋数据""资本＋数据"等要素深度融合模式发展。三是以数字化技术融合为创新点，增强供给与需求动态平衡，大数据、云计算等数字化技术和手段可以加快供应链内的信息传播速度，降低沟通成本和交易成本。因此，加强数字化技术的应用以及与供应链的深度融合可以加快供应链数字化转型，从而增强供给和需求动态平衡能力。此外，上述供应链数字化转型过程还需要监管机制的约束，需要加强数据监管并完善数据资源使用的法律法规，以保证供应链数字化发展的可持续性和合法性。

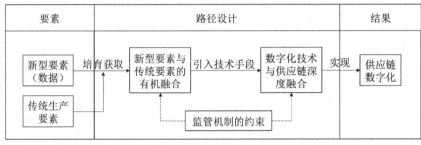

图 2-2　由浅入深实现供应链数字化转型

沿图 2-2 所示的供应链数字化路径，通过传统生产要素与"数据"要素的结合，可以实现供应链的数字化发展。供应链数字化体现在供应链的各个环节之中，并通过平台实现从预测到计划、执行、交付、财务业务等一体化功能。具体来说，数字化供应链平台包括精准营销服务、数字化设计、数字化采购、数字化制造、数字化运营、全面质量管理以及 IT 基础平台七大平台。其中，IT 基础平台由数据集成、混合云的数据中心、网络及信息安全等技术平台构成。企业可以依靠这七个子平台实现数字化工具在供应链中的全场景应用，从而支持需求、物料可用性、制造产能和人力资源等方面变化的预测分析并做好应对准备，持续满足并超越客户的需求和期望，并确保企业在任何环境下都能生存和发展 [18]。

图 2-3 所示为数字化供应链模式图。数字化供应链平台可以支持供应链从设计到计划、制造、交付、运营的全流程数字化管理。

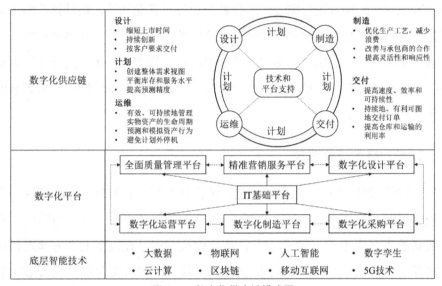

图 2-3　数字化供应链模式图

第一，在设计阶段，要通过端到端的数字线程将系统、人员和流程连接起来，以简化供应链、缩短产品上市时间，并利用简化的供应链和创新技术加速研发创新。设计阶段具体包括产品生命周期管理，产品设计、工程开发和成本核算，产品盈利能力分析，项目组合管理和创新管理和协作等内容。

第二，在计划阶段，要利用供应链可视性、协作性和智能性，制定敏捷的、市场驱动的计划。该阶段具体包括协作式供应链网络，集成式业务计划，库存优化，采购与供应商管理，以及预测分析、人工智能和机器学习等内容。

第三，在制造阶段，要在整个企业内利用人工智能、物联网和集成技术，简化制造流程。该阶段具体包括集成式制造执行系统（MES），生产管理、计划和优化，工业物联网解决方案，统一的供应链数据和制造分析，以及产品质量管理与合规性等内容。

第四，在交付阶段，要打造快速、高效且可持续的物流和供应链管理流程，具体包括仓储管理、协作式运输管理、订单履行与承诺、堆场管理、物流网络及跟踪等五方面内容。

第五，在运维阶段，需要借助智慧企业资产管理软件，提升资产绩效和可靠性，具体包括维护和服务管理、资产网络和协作、资产战略与绩效、资产健康状况预测和优化、移动资产管理等内容。数字化技术工具及数据驱动的信息平台通过在供应链上述五个阶段发挥作用，实现供应链各业务场景的数字化转型和变革。

2. 供应链敏捷化路径

"数据"的价值在于为生产制造、销售营销和企业战略调整等相互结合而提供驱动力，因此，数字化技术驱动对于提升企业供应链敏捷性起到不可或缺的重要作用[19]。具体而言，数字化技术通过在以下七个方面发挥作用来保证供应链的快速响应性和敏捷性。第一，利用实时数据和大数据分析模型预测市场需求，从而为相关决策提供支持。第二，在加强跨境供应链管理能力的同时，构建自主可控、安全可靠的国内生产供应体系，保证采购的稳定性，从而确保供应链在极端情况下的正常运转。第三，提高供应链的柔性生产能力，保证生产线可以灵活调整以满足客户需求变化。第四，借助数字化技术与大数据分析等手段，实现供需匹配与合理分配。具体地说，将供应链不同环节的数据和信息以数字化形式进行整合，从而在上游指导生产决策并监控生产进度，在下游精准测算不同需求的优先级，并进行产品供应的科学调度。第五，借助数字化技术进行运输调度决策。利用物联网等数字化技术对物流过程的全流程进行可视化追踪，并利用车辆行驶轨迹的大数据为各类运输需求匹配最合适的运力，从而提供运输调度的决策支持。第六，在仓储环节，一方面通过信息化系统和自动化装备来完成各项仓内作业，实现仓储管理设施自动化；另一方面，基于对历史需求、需求方实时因素和库存相关的动态大数据分析，优化各地区的仓储布局和库存水平，以提高需求响应速度。第七，借助智慧终端和大数据分析的技术支持，实现末端配送数字化和可视化[20]。通过将"数据"与上述七个步骤的结合可以实现供应链的敏捷化发展，供应链敏捷化的实现路径如图 2-4 所示。

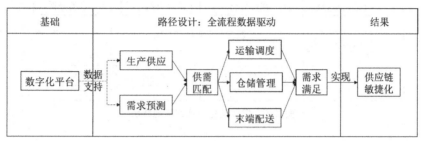

图 2-4 供应链敏捷化的实现路径

3. 供应链生态化路径

供应链生态圈中的角色包括核心物种、关键物种、支持物种和寄生物种四类。其中，核心物种是供应链核心企业，需要承担生态圈资源整合、沟通及协调的功能；关键物种是核心企业的供应链协作方，如供应商等，它们与核心物种进行产品及服务交易并提供相应数据；支持物种是为形成供应链生态圈所必须依附的组织机构，如政府、金融机构、行业协会等，它们为核心物种和关键物种提供支持及进行管控；寄生物种是能够为供应链生态圈拓展增值业务的服务提供商，如咨询公司等，它们为其他物种提供增值服务和智力支持。上述四种物种共同构成了供应链生态圈的关系网络和体系结构[21]。在供应链生态圈中，以信息平台为交流沟通媒介，供应链可以通过数据资源共享与模型优化来实现物种间及所处环境间的实物、资金和信息的流动、共享和循环。因此，供应链生态圈架构的设计可以打通生态圈内的信息壁垒，使物种之间可以在质量、管理、项目等方面进行深度合作，供应链生态化的具体实现路径如图 2-5 所示。

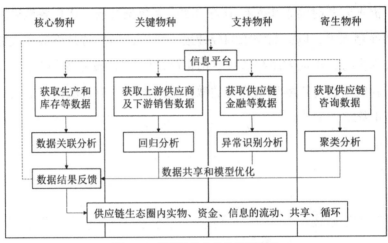

图2-5 供应链生态化的实现路径

4. 供应链平台化路径

供应链平台化是基于协同供应链管理的思想，配合供应链中各实体的业务需求，使操作流程和信息系统紧密配合，做到各环节无缝链接，形成物流、信息流、单证流、商流和资金流五流合一的领先模式。平台采用物联网、大数据、人工智能、云计算技术，全方位为企业提供供需匹配、采购、营销、供应链管理一站式服务。在平台上每个企业可成为需求主体，也可以成为供应主体，实现与任何企业的供需协同服务。供应链平台化的实现主要有三条路径。

首先，供应链信息一体使信息平台上的企业地位平等，信息流通高效、顺畅，能够有效杜绝传统信息系统在信息交互过程中出现的信息孤岛、信息单向流转及信息出自多门等问题，打破了信息围栏。其次，供应链平台信息透明，能够结合企业的访问权限调整供应链信息的公开度，分享供应链的必要信息，保留企业核心机密，使供应链参与主体既相互支持又相互独立。最后，平台监管可以实时监测平台上的数据，通过嵌入式合约对供应链各环节进行监控，防范于未然，做到事前预警、事中控制、事后追责，从被动控管转变为主动监管。供应链平台化的具体实现路径如图2-6所示。

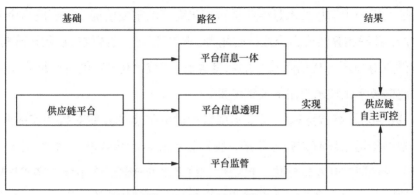

图 2-6　供应链平台化的实现路径

2.3　推进供应链数字化建设的主要工作

在供应链自主可控建设的过程中，数字化作为重要的资源基础发挥了重要的作用。越来越多的企业利用数字化实现了供应链升级。在数字化发展过程中，有三个方面工作非常重要：重视数字化技术、促进供应链标准化和流程化改造以及加强供应链上下游高效协同合作。具体工作如图 2-7 所示。

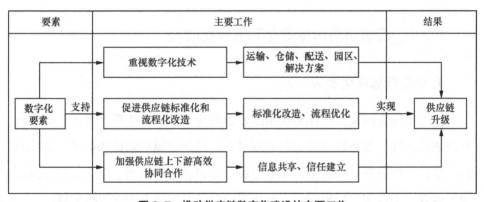

图 2-7　推动供应链数字化建设的主要工作

2.3.1　重视数字化技术

从互联网到移动互联网，再到物联网、云计算、大数据、人工智能、区块链等，新一代信息技术是供应链数字化变革的重要前提。数据成为企业核心资产，数据和算法成为企业核心能力，深刻改变了传统供应链的运营模式。随着供应链与新一代信息技术的深度融合，"数字化+"供应链模式创新成为供应链数字化技术应用的典型场景。

"数字化+高效运输"场景实现货运供需信息的在线对接和实时共享，将分散的货运市场有效整合起来，提升物流综合运输效率。"数字化+自动仓储"场景通过开发机械化、自动化、数字化的仓储运作系统，完成货物搬运、拣选、包装、盘点等多个环节的自动化、智能化操作，大幅提高仓储管理的效率和水平。"数字化+协同配送"场景通过互联网平台搭建城市配送运力池，开展共同配送、集中配送、智能配送等先进模式，有效解决"最后一公里"的问题。"数字化+物流园区"场景通过信息技术与园区业务结合，实现货物周转的全流程可视化、自动化、智能化，有效提升场站价值和竞争力。"数字化解决方案"通过利用信息技术和工具全面改造供应链业务流程，为客户提供端到端、可视化的供应链全程解决方案，实现专业物流向供应链管理的转型发展，提升一体化服务质量和效益。

2.3.2 促进供应链标准化和流程化改造

1. 供应链标准化改造

标准化作为国家治理体系和治理能力现代化的重要手段，是推动供应链升级的基础性、战略性资源，是实现供应链稳定的重要载体和抓手。总体来说，结合当前数字化供应链的发展进程，可以从生产制造、技术应用以及行业发展等三个方面实行标准化，从而实现对供应链升级的保障和支撑。

一是强化供应链制造端的优势。制造企业应充分发挥标准化工作中成熟的"三化"经验，提高技术质量，降低生产成本，缩短交货周期，提升市场竞争力，提高顾客满意度。标准化"三化"是指系列化、通用化、模块化。系列化是指通过对同一类产品发展规律的分析研究、国内外产品发展趋势的预测，结

合本身的生产技术，经过全面的技术经济比较，对产品的主要参数、型式、尺寸、基本结构等做出合理安排与规划。通用化是指在互相独立的系统中，选择和确定具有功能互换性或尺寸互换性的子系统或功能单元的标准化形式。模块化是一种将复杂系统分解为更好的可管理模块的方式，具有独立完善的接口特性、互换性、适用性、超前性和商品性等功能（通用模块、专用模块的组合）。

二是补齐数字化管控技术短板。从数字化供应链发展应用的技术层面上说，解决其应用需要先解决标准化方面的问题。云计算标准化是云计算推广和应用的基本前提和真正云计算的终极目标，云计算安全和隐私标准，主要针对数据的完整性、可用性、保密性，实现物理上和逻辑上的标准。对于大数据技术来说，目前全国信息技术标准化技术委员会持续开展数据标准化工作，在元数据、数据库、数据建模、数据交换与管理等领域推动相关标准的研制与应用，为提升跨行业领域数据管理能力提供标准化支持。人工智能标准主要需要针对人工智能本体的关键技术以及平台支撑技术进行规范，以及针对人工智能底层平台和支撑技术进行规范。区块链技术标准化方面，工业和信息化部在 2018 年 6 月公布的《全国区块链和分布式记账技术标准化技术委员会筹建方案公示》中，提出了日后建设基础、业务和应用、过程和方法、可信和互操作、信息安全 5 类标准。

三是促进行业集群标准化。关注技术生态、研发环境生态和产品产业生态的数字化变革，提炼归纳新业态、新模式、新产业的成熟经验并快速形成企业标准。发挥行业协会的作用，形成团体标准规范市场行为。总结标准实施情况，将企业标准、团体标准上升为行业标准、国家标准及国际标准，形成以核心企业为主，包括其他服务行业如运输、第三方技术服务等不同行业不同层级标准的"集群标准化"体系。

2. 供应链流程优化改造

供应链数字化实现了对供应链流程的持续优化，促进了供应链管理的宏观战略决策层面、微观运营层面、供应链管理主体组织层面和客体要素层面这四个核心流程的有效落地并产生预期绩效，推动供应链产业的发展和升级。具体如下。

第一，促进宏观战略决策流程的智能化。供应链决策智能化通过大数据与模型工具的结合，并通过智能化以及海量的数据分析，最大化地整合供应链信息和客户信息，有助于正确评估供应链运营中的成本、时间、质量、服务、碳排放和其他标准，实现物流、交易以及资金信息的最佳匹配，分析各业务环节对于资源的需求量，并结合客户的价值诉求，更加合理地安排业务活动，使企业不仅能够根据客户需求进行业务创新，还能提高企业应对客户需求变化所带来的挑战。

第二，促进微观运营流程的可视化。供应链可视化利用信息技术，通过采集、传递、存储、分析、处理供应链中的订单、物流以及库存等相关指标信息，按照供应链的需求，以图形化的方式展现出来。通过将供应链上各节点进行信息连通，打破信息传输的瓶颈，使链条上各节点企业可以充分利用内外部数据，这无疑提高了供应链的可视化。供应链的可视化不仅可以提高整个供应链需求预测的精确度，还能提高整个链条的协同程度。

第三，促进供应链管理主体组织流程的生态化。在供应链服务化过程中，服务的品牌和价值不仅是由供需双方，或者三方（即企业、客户、企业网络中的成员）的相互行为所决定，同时也受到他们同企业利益相关者的关系影响。因为利益相关者能帮助企业（服务集成商）、需求方，为服务供应商带来合作中的合法性或者新的资源，继而促进各方的合作关系的发展。供应链数字化促进了供应链服务网络形成了共同进化的多组织结合的商业生态系统，协调和整合四方关系和行为，是生态化运营的核心基础。

第四，促进供应链要素的集成化。供应链要素集成化指的是在供应链运行中有效地整合各种要素，使要素聚合的成本最低，价值最大。这种客体要素的整合管理不仅仅是通过交易、物流和资金流的结合，实现有效的供应链计划（供应链运作的价值管理）、组织（供应链协同生产管理）、协调（供应链的知识管理）以及控制（供应链绩效和风险管理），更是通过多要素、多行为交互和集聚为企业和整个供应链带来新的机遇，有助于供应链升级创新。

2.3.3　加强供应链上下游高效协同合作

随着供应链的升级发展，供应链的数字化转变很好地解决了供应链上下游信息共享和信任建立问题。

一方面，供应链的数字化转型有助于实现供应链全链条信息、数据传递的及时性、完整性和充分性。数字化供应链是基于物联网、大数据与人工智能等关键技术构建的以客户为中心、以需求为驱动的动态、协同、智能、可视、可预测、可持续发展的网状并联供应链体系。在数字化供应网络中，每个上下游企业都能跟客户直接联系，客户的需求变化也可以通过网络直接反馈给各个上下游企业，实现供应链的快速响应，保证供应高效率的同时也可以降低安全信息泄露的风险。可以说，供应链新兴技术既创造新的信息来源，又提供了供应链全链条的信息洞察力，弥补信息不对称性缺陷，更好地实现了供需匹配。

另一方面，供应链数字化过程中应用的区块链技术为建立良好的供应链信任机制提供了可行性。区块链技术通过在应用层面去中心化，采用分布式账本方式，实现了信任和价值的可靠传递。分布式账本的实时性和维护成本，不仅解决了信息的实时传递，同时也通过集体维护的策略，在降低成本的基础上，强化了安全性。区块链记录是可追溯的和不可抵赖的，这种特性可以最大限度上避免商务环境中由于技术、地理、人文等原因带来的信任氛围较差的环境。区块链技术通过分布式记账等技术手段，较大程度上带来了友好的、强有力的信任氛围环境。因此，通过将区块链技术作用于供应链，可以最大程度上给供应链柔性带来充分且有利的信任氛围环境，进而快速推进供应链的稳定发展。

2.3.4　供应链数字化升级的典型案例对比

本节对比了京东物流、菜鸟网络、国家电网以及联想四家企业的供应链数字化实践的主要特点（如表 2-1 所示）。可以发现，这些企业在助推数字化供应链建设中呈现出各自典型的发展特色，可以为其他相关企业数字化建设提供参考借鉴。

表 2-1　企业供应链数字化实践的特点对比

企业	驱动特点	数字化核心	核心路径
京东物流	预测需求	技术研发和仓储设施	技术、智能设施、软件系统
菜鸟网络	电商平台	技术研发和仓储设施	技术、智能设施、软件系统
国家电网	"5E 一中心"供应链平台	平台	技术、平台
联想	智能控制塔	智能控制塔	技术、平台、软件系统

京东物流数字化供应链的核心要素是通过预测技术驱动库存管理优化，在之前积累的采销经验中融入有效的数据和智能算法，创建深入的预测技术以及优化的库存管理。在实现供应链数字化的过程中，京东物流基于供应链全链条打造各种软件系统的集成，同时使用覆盖供应链各种场景的机器人及智能设备。更为重要的是，京东物流还聚焦底层技术能力提升，为物流科技产品及场景应用提供源动力。

菜鸟网络数字化供应链通过电商平台为客户呈现能够提供的商品背后的物流属性，根据商品的大小、重量、客户地址等调动智能路由，获取合理的路径和线路。菜鸟网络数字化供应链的信息系统均由外部第三方系统整合而来，并且随时可以接受更多信息系统的融入。同时，菜鸟网络还投入应用大量菜鸟数智产品，将人工智能应用于车辆路径规划、仓内智能波次规划、柜箱装载算法、机器视觉等方面。

国家电网数字化供应链是以"5E 一中心"供应链平台为核心，即电力物流服务平台、电工装备智慧物联平台、电子商务平台、企业资源系统以及 e 物资等五部分，将大数据、人工智能等技术融入业务开展智能监控，动态监测业务合规性，实现供应链全过程智能监督。同时，国家电网利用物联感知技术，将物资生产、在途、交付，以及供应商库存资源数字联结，通过资源整合促进多方合作共赢。

联想的数字化供应链是围绕智能控制塔，从行业智能、智能基础架构、智能物联网三个层面进行构建的。联想智能供应链积极把握新技术，基于对行业变革、技术演进深入的研究和理解，再结合自身的实践，总结出五大核心能力：互连互通、柔性制造、虚实结合、闭环质量、智能决策。

当前，我国正处于百年未有之大变局和"两个一百年"奋斗目标历史交汇的大变革时代，国内、国际形势深刻复杂。在这个节点上，深刻把握"增强产业链供应链自主可控能力"的内涵，有助于厘清问题，明确未来提升的路径，具有重要而深远的意义。企业是供应链运行的主体，供应链自主可控的核心在于企业层面的供应链自主可控。在数字化转型的背景下，加快数字化供应链体系建设，将有助于实现我国供应链自主可控。本章揭示了供应链自主可控的背景与内涵，阐述了供应链自主可控必要性，分析了我国供应链未实现自主可控的原因，提出了供应链自主可控实施路径。笔者认为，供应链数字化是自主可控的前提，基于数字化基础，供应链自主可控实施路径包括三个方面，分别是供应链敏捷化路径、生态化路径和平台化路径。

在供应链自主可控建设的过程中，数字化作为重要的资源基础发挥了重要的作用，越来越多的企业利用数字化实现了供应链升级改造。在此过程中，有三个方面的工作非常重要：重视数字化技术、促进供应链标准化和流程化改造以及加强供应链上下游高效协同合作。本章还对比了京东物流、菜鸟网络、国家电网以及联想四家企业的供应链数字化实践主要特点，为其他企业数字化建设提供了有益的参考。

2.4　参考文献

[1]　道琼斯风险合规 . 全球贸易急剧下滑揭示跨境供应链的脆弱 [EB/OL]. (2020-05-28) [2021-03-28].

[2]　李赐犁 . 积极维护我国产业链安全和稳定 [EB/OL]. (2020-03-25) [2021-03-28].

[3]　新浪财经 . 专家：增强供应链自主可控能力的思路与策略 [EB/OL]. (2021-02-28) [2021-03-28].

[4]　新京报评论 . 强化产业链供应链自主可控，中央有何深意？ [EB/OL]. (2020-12-20) [2021-03-28].

[5] 何自力 . 产业链供应链自主可控 中国经济方能"气血充盈"[EB/OL]. (2020-12-21) [2021-04-06].

[6] Chen L, Jia F, Li T, et al. Supply Chain Leadership and Firm Performance: A Meta-analysis[J]. International Journal of Production Economics, 2021: 108082.

[7] 21 世纪经济报道 . 中国工程院评估：制造业产业链 60% 安全可控 光刻机等存短板 [EB/OL]. [2019-10-16](2020-04-05).

[8] 吴科任 . 增强自主可控能力 打造高端芯片供应链 [EB/OL]. [2021-03-06] (2021-03-25) .

[9] 中国经济评论 . 着力提升供应链弹性与产业链韧性 [EB/OL]. [2021-03-08] (2021-03-25).

[10] 观察者网 . 苏伊士运河"堵死"超 50 小时，全球贸易还有哪些替代方案 [EB/OL]. [2021-03-28] (2021-04-07).

[11] 腾讯网 . 苏伊士运河又堵了！"长赐号"刚得救，意大利货轮重蹈覆辙 [EB/OL]. [2021-04-07] (2021-04-08).

[12] 中国电子报 . 要牢牢把握供应链主导权 . [2020-05-26] (2021-03-26).

[13] 黄锟 . 提升我国产业链供应链稳定性和竞争力 [EB/OL]. [2020-05-29] (2021-03-26).

[14] 深圳高等金融研究院 . 方汉明：疫情显示中国供应链稳健性 [EB/OL]. [2020-08-06] (2021-03-25).

[15] 新华网客户端 . 汽车芯片荒逼着"中国芯"加速突破 [EB/OL]. [2021-02-05] (2021-04-21).

[16] 蔡进 . 构建供应链创新发展新生态 [J]. 中国经济评论，2021(2):40-41.

[17] 中国社会科学院工业经济研究所课题组，张其仔 . 提升产业链供应链现代化水平路径研究 [J]. 中国工业经济，2021（2）：80-97.

[18] SAP.SAP digital supply chain[EB/OL]. (2019-05-30) [2021-04-23].

[19] 张杰杰 . 大数据背景下供应链敏捷性研究评析 [J]. 产业科技创新，2020，2（8）：48-49.

[20] 新浪财经 . 7 个环节，教你打造疫情期间的敏捷供应链 [EB/OL]. (2020-03-19) [2021-04-13].

[21] 温璐 . 大数据背景下航空制造业供应链生态圈构建研究 [J]. 经营与管理，2020（8）：95-99.

03

后疫情时代我国制造业全球供应链重构和数字化转型

上海交通大学安泰经济与管理学院

董明、肖潇

从供给侧结构性改革开始，我国供应链就进入了转型重构期，无论是新冠肺炎疫情还是中美贸易摩擦，都导致了全球供应链的资源再配置，同时也使得我国供应链的转型重构进入加速期。2020 年 4 月 15 日，习近平总书记主持召开中央政治局常委会会议，会议指出抓紧抓实抓细常态化疫情防控。随着新冠肺炎疫情在全世界范围内的广泛传播，国内疫情时而反弹，疫情防控阻击战进入持久阶段，疫情防控呈现一种常态化发展趋势。后疫情时代，全球供应链处于解体和重构的转折关键期，探究制造业全球供应链体系的演变特征和重构趋势，准确研判疫情不确定性对我国制造业全球供应链转型的影响路径和机制，对我国制造业转型升级和经济高质量发展有着深远而现实的意义。

3.1 我国制造业全球供应链的现状

制造业是国民经济的重要组成部分，具有三个重要的特征：一是制造业的发展可以提升经济系统的产业效率和产业创新；二是制造业产品突破地域限制在全球范围内生产和销售，突破本地市场的制约；三是制造部门吸纳大量劳动力，实现价值增值和分配。20 世纪 90 年代以后，全球产业间分工逐步转向产业内分工和产品内分工，并最终演变为不断深化的产业链分工。企业专注于特定生产环节而非生产整个产品。从加工原材料，到制造零部件半成品，再到最终装配成商品，全部过程根据资源禀赋配置在不同国家或地区的不同企业中进行制造，极大提高了资源配置效率。每一个国家或地区、每一家企业都是整个生产链条中的一个编码，从而形成复杂的全球供应链网络。

3.1.1　我国制造业深度融入全球经济体系

自改革开放以来，依托人口红利带来的低成本制造、完整的工业体系以及完备的基础设施叠加优势，中国经济逐步融入全球经济体系，快速成长为全球制造业供应链的主体和第一大中枢。由世界银行统计的中美两国商品贸易总额数据（图 3-1）可以看到，2000 年中国仅占全球商品贸易总额的 5.8%，美国占全球商品贸易总额的 14.6%。但从 2012 年以后，中国商品贸易总额占比超过美国，一直位于第一位，2020 年该比例达到13.6%。全球 180 多个国家和地区中，33 个国家和地区的第一大出口目的地是中国，65 个国家和地区的最大进口来源地是中国 [1]。

在麦肯锡 2019 年 2 月的《中国与世界：理解变化中的经济联系》报告中编制的中国—世界经济依存度指数显示，在贸易、科技和资本三个重点维度上，中国对世界经济的依存度已经从 2007 年的 0.9 下降至 2017 年的 0.6；而世界对中国经济的依存度却从 2000 年的 0.4 上升至 2017 年的 1.2[2]。世界对中国经济的依存度上升，表明中国作为消费市场、供应方和资本提供方的重要性日益凸显。自 2008 年全球金融危机以来，中国对全球经济增长的贡献率超过 30%，已经深度融入全球供应链，中国是全球供应链的重要参与方，也是全球供应链的核心环节，中国离不开全球供应链，全球供应链也离不开中国。

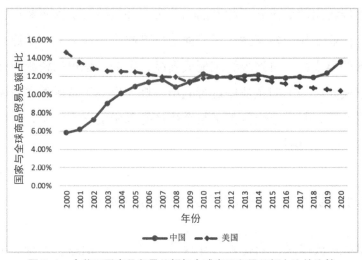

图 3-1　中美两国商品贸易总额与全球商品贸易总额占比的比较

数据来源：世界银行

3.1.2　我国制造业在全球供应链具有较强的竞争力

中国是全球制造业规模最大的国家，拥有门类齐全、独立完整的现代工业体系，拥有联合国产业分类中所列的全部工业门类，涵盖了41个工业大类、207个工业中类、666个工业小类，有220多种工业品产量居世界首位。世界银行数据显示（图3-2），从2004年起，中国制造业增加值一直呈上升趋势，2019年已超过了4万亿美元，占全球制造业增加值总和的27.5%，相当于美国、日本、德国三个制造业强国加起来的总和。华创证券研究显示：在全球四大类工业品中，有三类（原料分类的制成品、机械及运输设备、杂项产品）我国都是最大的全球供应国，且占比都在15%以上，远超排名第二的德国及第三的美国。我国同时是制造业生产大国和消费大国。国家统计局数据显示：2020年社会消费品零售总额已达391 980亿元，消费潜力全球第一[3]。

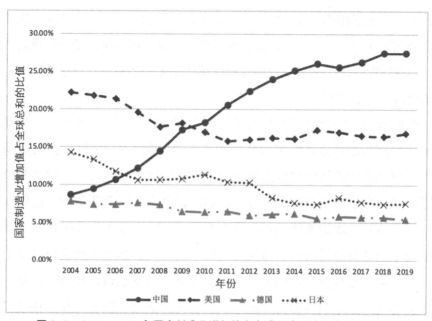

图 3-2　2004—2019 年国家制造业增加值占全球制造业增加值总和的份额

数据来源：世界银行

中国作为全球第二大经济体和全球制造中心，在一般资本品、非工业化生产的交通运输设备、耐用消费品、半耐用消费品等领域已经具有较强的竞争力，这些领域的 RCA 指数（Revealed Comparative Advantage Index，显示比较优势指数）2018 年已经超过欧、美、日等发达经济体，中国经济的开放、稳定、安全能够在相关领域，为全球供应链的稳定和安全提供重要的支撑。在初级工业原料、交通运输设备的各种零部件、工业化生产的交通运输设备（不包括载客汽车）以及载客汽车等方面，中国的竞争力低于欧、美、日等发达经济体，部分行业和领域还有较大差距[4]。

3.1.3　我国成为全球供应链体系的中心之一

21 世纪以来，基于全球价值链的产业分工和贸易发生了深刻的变化，价值链格局的区域化趋势更加明显，一个突出的变化是中国在全球价值链分工的地位显著提升，取代日本成为了亚洲贸易中心。全球供应链格局发生变化，中国、美国和德国分别作为亚洲、美洲和欧洲的中心国，逐渐形成各自供应链的局部中心。中国已成为传统最终品贸易和简单供应链中最重要的枢纽，但美国和德国仍然是复杂供应链网络中最重要的枢纽，全球供应链区域化的格局正在形成[4]。

根据 Wang 等 2017 年提出的价值链长度分解框架（见图 3-3），从是否有跨国生产活动可以将价值链分为四个类型：纯国内价值链、传统贸易价值链、简单全球价值链和复杂全球价值链[5]。国内价值链和传统贸易价值链不涉及跨国生产共享活动，分别满足国内外需求。简单全球价值链和复杂全球价值链的增加值体现在中间产品贸易当中。简单全球价值链，代表的是简单全球价值链活动，即国内出口中间产品，然后直接进口国用于该国生产活动，最后满足该国最终需求。复杂全球价值链，代表的是复杂全球价值链活动，即国内出口中间产品后，生产活动可能不止在直接进口国发生。通过对价值链类型的分解，可以对制造业全球价值链长度进行测算。不管是从传统最终产品贸易，还是从简单全球价值链或是复杂全球价值链的供应链网络变化来看，2000 年到 2017 年，美国和德国作为全球供应链区域中心的地位没有发生显著改变，中国取代日本成为全球供应链的区域中心。[6]

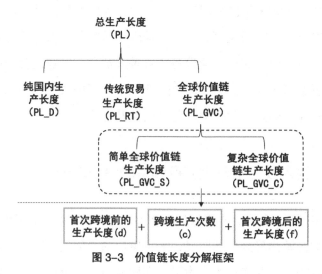

图 3-3　价值链长度分解框架

3.2　疫情冲击对我国制造业全球供应链的影响

新冠肺炎疫情对国际生产秩序造成严重冲击。疫情期间各国产业链复工复产复销的节奏相异,破坏了整个及时交货系统,产业链龙头企业难以担负起协调不同生产工序和生产区段的任务,产业链协作机制趋于崩溃,全球范围内的最优化生产配置成为空谈。

新冠肺炎疫情对全球供应链的影响已经或正在经历以下两个阶段。

第一阶段是 2019 年年底至 2020 年 4 月中旬,国内疫情从来势汹汹到被有效控制。由于我国贸易结构以加工贸易为主,这一阶段国内企业的停工和物流受阻,不仅使企业自身面临供应链"生态位"被替代的风险,还通过出口供应链影响他国。受到国内企业断供的影响,全球许多跨国制造企业原材料库存供给不足,美国、德国、日本等汽车制造、半导体等行业受影响显著。伴随疫情在韩国、日本、意大利、德国、英国、法国、西班牙等国的扩散,发达国家先后采取了停工、停产、隔离、断航等措施,跨境物流通道受阻,造成中国出口的订单难以短期交货,甚至部分订单被取消。许多外贸出口企业难以承压,陆续出现了经营受阻的发展困境,甚至出现短期复工后又开始停工的状态 [7]。疫情冲击对制造业全球供应链的影响如图 3-4 所示。

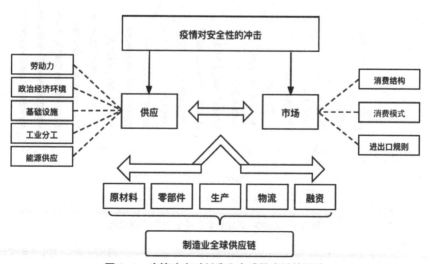

图 3-4　疫情冲击对制造业全球供应链的影响

第二阶段是 2020 年 4 月中旬至本章内容完稿之日（2022 年 1 月），即后疫情时代。随着疫情在海外的不断蔓延，疫情将在一定时期内长期存在，因此疫情常态化意味着全球经济和社会秩序将发生空前的大混乱：动态变化的中高风险疫情、全球各地迥异的人员出行政策、运载工具的熔断机制、额外的检疫流程都是新常态的主要内容。疫情不确定性导致的全球秩序混乱将延伸到全球供应链中，各国防疫措施极大地限制要素的流动和经济合作活动，全球综合物流系统和跨境通道受阻，产业链半停产、破产或缩小规模，冲击着本国、区域和全球供应链。

中国疫情防控取得重大成果，率先走出疫情危机。从 2020 年 5 月开始，中国经济进入真正的复苏期（见图 3-5）。从 2021 年 1 月到 2021 年 10 月，中国进出口总值累计增长保持在 30% 以上，2021 年 10 月进出口同比增长高达 24.3%，其中 2021 年 9 月 5 447.2 亿美元的进出口总额再创新高。作为反映制造业景气的重要指数，制造业的采购经理人指数（Purchase Managers' Index，PMI）2021 年以来呈现明显的波动。

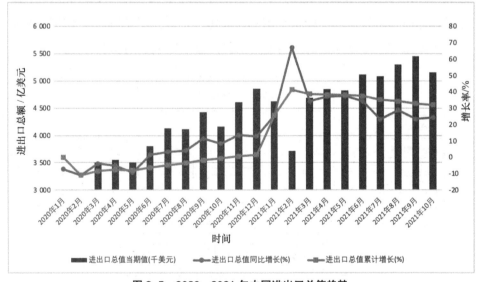

图 3-5　2020—2021 年中国进出口总值趋势

数据来源：中国国家统计局

总体来看（图 3-6），受疫情全球扩散和经济下行压力的影响，2020 年 2

月，我国的 PMI 指数仅有 35.7%，非制造业商务活动指数为 29.6%，创有历史记录以来的新低；随着国内疫情得到有效控制，复工复产进程加快，3 月的 PMI 指数恢复到 52.0%，上升了 16.3 个百分点[8]。随后相比三月，2020 年其他月份虽略有下降，但仍保持在 50% 以上，但从 2021 年 3 月开始，中国制造业 PMI 指数保持下降趋势，在 2021 年 9 月跌破 50% 的荣枯线，9 月和 10 月分别只有 49.6% 和 49.2%。

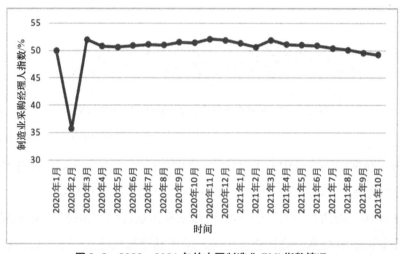

图 3-6　2020—2021 年的中国制造业 PMI 指数情况

数据来源：中国国家统计局

据中国物流与采购联合会发布，2021 年 10 月，全球制造业 PMI 较前一个月微幅回升 0.1 个百分点至 55.7%（见图 3-7）。综合指数变化，全球制造业增速与上月相比较为平稳。分区域看，之前受疫情影响较大的一些亚洲国家制造业出现了较为明显的恢复，带动了亚洲制造业趋稳回升，也成为全球制造业增速保持平稳的重要动力。但可以看到，和中国制造业 PMI 指数趋势一致，从 2021 年 3 月，全球制造业 PMI 就保持平稳下降的趋势，全球经济复苏仍面临着较大的不确定性。疫情对世界经济的持续影响，正在不断消耗全球经济的恢复动力。疫苗接种的不平衡也带来世界经济恢复的不均衡，世界经济复苏进程分化趋势越来越明显。通胀压力的上升加大了世界经济运行的成本，也在挑战世界各国对宽松货币政策的容忍度。各国的刺激政策能否持续也面临考验。疫情反复和通胀压力影响着世界供应链的稳定。

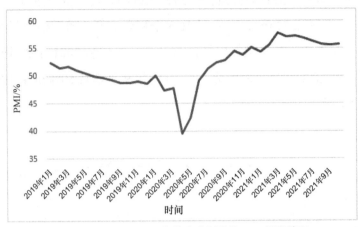

图 3-7 2019—2021 年的全球制造业 PMI 指数情况

数据来源：中国物流与采购联合会 [10]

基于在全球供应链中的重要地位，现阶段我国已成为全球制造业风险规避的最佳场所，国际市场中低端制造业对我国的依赖性增强 [9]。出口订单快速回流中国，但进口国疫情反弹使全球物流体系发生"错位"，直接推高了跨国企业的运营成本。疫情叠加中美两国贸易摩擦致使基于全球价值链的国际分工方式进一步暴露出其固有的脆弱性，关税制裁及关键零部件供应不确定性加剧了全球中间品贸易的风险，技术封锁、规则脱钩等更大的隐患则使国际投资的风险偏好减弱 [10]，也加深了全球对于供应链"稳定性"和"安全性"的担心，疫情后各国出于供应链稳定性、安全性和自主性的考虑，鼓励企业内向化发展，从而影响制造业供应链的全球化布局。因此，全球制造业供应链正处于转型重构的状态中。

3.3 后疫情时代制造业全球供应链的重构趋势

新冠肺炎疫情加速了全球制造业供应链的转型重构。世界贸易组织发布的《全球贸易数据与展望》中，2020 年世界商品贸易量下降了 5.3%，以名义美元计算的全球商品贸易下降了 7%，商业服务出口额下降了 20% [11]。

全球经济 2020 年收缩 3.8%，发达经济体经济活动收缩 7%。虽然联合国贸易和发展会议曾预计 2021 年全球将出现 5.3% 的反弹增长，为近 50 年来的最高。然而，不同地区、不同行业的反弹并不一致。在发达经济体中，食利阶层经历了财富的爆炸性增长，而低收入人群却在挣扎[12]。联合国贸易和发展会议预计 2022 年全球增长将放缓至 3.6%，世界收入水平将仍比疫情前的增长趋势低 3.7%，预计 2020—2022 年的累计收入损失约为 13 万亿美元。在全世界范围内，特别是在发展中国家和地区，新冠肺炎疫情危机比 GFC（Global Financial Crisis，全球金融危机）造成了更大的损失，非洲和南亚尤其如此（见图 3-8）。即使不出现重大挫折，全球产出要迟至 2030 年才能恢复到 2016—2019 年的趋势。全球面临着第二次世界大战以来程度最深的经济衰退，全球供应链重构将不可避免。

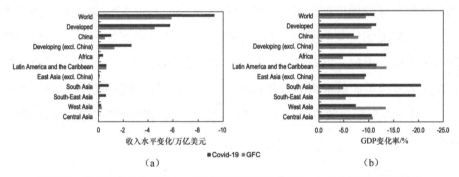

（a）　　　　　　　　　　　　　　　　（b）

图 3-8　全球金融危机 (2009—2010) 和新冠疫情 (2020—2021) 的经济影响对比

图片来源：贸易和发展报告 2021[12]

3.3.1　供应链"韧性"是全球供应链重构的重要标准

全球供应链链接了全球制造企业和服务企业，促使全球经济相互依存和有机地互动。受到疫情的影响，全球多国采用停飞、停航、入境管制、暂停进口、关税上调等措施降低疫情扩散，跨境物流通道被迫中断。疫情的全球蔓延使得跨国公司的供应链出现断链的风险，制造业全球供应链在"微笑曲线"中的"生态位"具有被替代的迹象。出于安全考虑，跨国公司的供应链

"安全"成为全球供应链布局的优先考虑要素。

过去三十年快速全球化的过程中，制造业供应链的决策目标在于成本和效率。全球性供应链中断风险加剧了企业跨国供应链对于"安全性"和"韧性"的担忧：从产业上，航空、旅游、餐饮、贸易等人员交流首先受到冲击，此后蔬菜、水果和各类制造品货物物流出现中断，各个产业无一幸免；从影响范围上，东亚、欧洲和北美等全球最重要的区域生产网络受到波及，疫情的蔓延使得全球供应链都受到重创；从产业链条上，疫情在流程上具有重要的"溢出效应"。产业链上游原材料需求端的冲击将传导至下游生产环节，而制造业下游产品需求整体低迷，又会经产业链反馈至上游，使上游需求缩紧程度进一步加剧。

供应链中断对制造业供应链带来巨大的直接影响和损失。以苹果公司为例，苹果全球范围内的主要供应商达到809家，其中47%集中于中国，受到中国大陆疫情反复的影响，苹果手机全球出货量在2020年2月一个月就降低了10%。因此，供应链的目标从成本维度跨越到了安全维度，供应链的韧性成为全球供应链重构的重要标准：一方面要通过预警机制来保持足够的库存；另一方面构建敏捷、多元、可控的供应链，提升供应链断裂后的恢复速度。

3.3.2 制造业全球供应链短链化的趋势明显

生产模块化、专业化和规模经济共同导致了价值链的多层次发展，推动着价值链长度的不断延展。同一地区国家之间的货物贸易份额（相对于较远的买家和卖家之间的贸易）从2000年的51%下降到2012年的45%[13]。这种趋势近年来开始逆转，2015年以后，经济复苏放缓中的全球生产结构新格局开始呈现出"去全球化"的新特征，伴随以产品内增加值多次跨境为表征的复杂全球价值链中跨国生产共享活动的同步收缩，中国参与复杂全球价值链生产活动规模呈现出相对显著的收缩趋势。与此相对应，简单全球价值链生产长度则呈现出异质性的变化。具体而言，一些发达经济体有所增加，但是以中国为代表的新兴亚洲经济体却仍然在减少[14]。从图 3-9 中不难发现，从 2015 年以后，我国无论简单还是复杂全球价值链生产长度，都呈现出了一定程度的下降趋势。

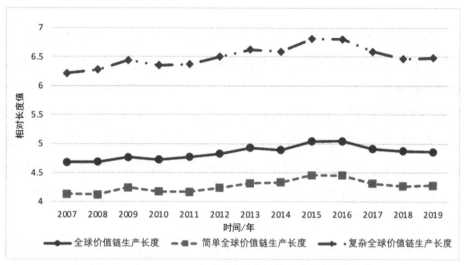

图 3-9　2007—2019 年我国全球价值链生产长度变化趋势

数据来源：UIBE 数据库[15]

究其原因，中国参与复杂全球价值链生产活动的生产性跨境次数减少可能存在以下两方面：第一，全球金融危机后，全球贸易保护主义浪潮兴起，世界很多国家也纷纷采用关税及非关税壁垒等贸易措施来限制贸易以保护国内产业发展；第二，为更好地积极有效应对"去全球化"所造成的不利影响，国内一些地方政府试图采取替代进口的政策加以应对。我国制造业劳动分工深化和产业集聚，加大了自主生产中间品的份额，导致国内价值链的延长，反而会导致复杂全球价值链长度的进一步下降。

疫情凸显了依靠任何一个国家提供投入或最终产品的危险，驱使全球产业链加速走向短链化。为构建自主可控的供应链，提升和保护战略产业能力，许多国家将着手推动价值链本土化。跨国公司加快供应链和生产过程重组，追求简化生产过程以及使用在岸或近岸作业，而非传统的分包和离岸外包，以此降低供应链中断风险。跨国公司通过高度集成的内部化运营在近距离生产，并将最终产品出口到国外市场[16]。产品研发、设计、生产、销售等环节相互靠近，并向消费端靠近，实现跨国公司生产链条的"纵向一体化"。

3.3.3　新型贸易自由协定和区域供应链塑造

在以往的全球价值链分工演进过程中，虽然生产网络布局具有全球性特征，但区域生产网络在其中仍然扮演着极为重要的角色。无论是从价值链的前向关联角度，还是从后向关联角度看，区域内关联程度显然都要高于与区域外的关联程度[17]。疫情促使跨国企业更多地关注地缘因素，更多投资本地或者周边有信任基础的国家。各国会更加重视关系国家命脉的产品及战略物资供给安全，尤其是降低对单一国家的依赖，推进供应链的多元化和分散化，保障供应链的完整性和安全性[3]。后疫情时代，产业链内向化和纵向一体化的演变加剧了制造业供应链在区域上的集成。

区域化在复杂全球价值链中最为明显，因为它们需要将许多供应商紧密整合，以实现最优的资源配置和分工效率。此外，随着供应链数字化转型程度加深，自动化和智能化在发展水平相近的区域更容易实现。区域化这种趋势也可能在其他价值链中加速，因为自动化降低了劳动力成本的重要性，增加了公司对生产货物地点决策的重要性，以快速进入市场。大数据、人工智能、增材制造等新技术和新制造范式给汽车等典型的全球化产业提供了向特定区域集聚的更多选择，使得全球价值链上部分垂直分工环节有可能转为区域产业集群内部的分工，这既是国际分工体系调整的重要方向，同时又将加剧供应链重构演变的不平衡。

实际上，疫情发生以来全球供应链已经表现出来了区域化和次区域化的迹象，2020 年第一季度，我国和东盟贸易额逆势增长，东盟超过欧盟成为我国第一大贸易伙伴。根据海关总署的数据显示，2021 年前 10 个月，我国与东盟贸易总值 4.55 万亿元，增长 20.4%，占我国外贸总值的 14.4%；欧盟为我国第二大贸易伙伴，我国与欧盟贸易总值为 4.34 万亿元，增长 20.4%，占 13.7%；美国为我国第三大贸易伙伴，中美贸易总值为 3.95 万亿元，增长 23.4%，占 12.5%。其中，对美国出口 3.01 万亿元，增长 21.8%；自美国进口 9367.4 亿元，增长 28.9%；对美贸易顺差 2.08 万亿元，增加 18.9%，创下同期历史新高。根据区域化发展趋势，"区域全面经济伙伴关系协定"（RCEP）、"美国—墨西哥—加拿大协定"（USMCA）等区域贸易协定将进一步强化区域制造业分工壁垒。全球制造业供应链网络也将逐渐演变形成以美国、欧洲、中国、日本、韩国等国家和地区为主的区域生产网络。

3.4　数字赋能我国制造业全球供应链转型重构

当前，我国是 30 多个国家的最大出口国和 60 多个国家的最大进口国，在全球制造业供应链中具有重要地位。但是，同样也要看到我国制造业的特点：产业结构不尽合理，高端制造业比重较低；价值体系处于偏低的水平；要素成本上涨增加了制造业外移的趋势。我国制造业发展特点倒逼我国制造业通过科技创新提升在价值体系中的地位，这是我国制造业长期发展的趋势。

新冠疫情加剧了我国制造业转型升级的形势并增加了完成转型升级的迫切性。疫情对全球产业链的影响将呈现两大趋势：一是全球产业链区域化格局将进一步强化，我国制造业转型升级面临更大阻力。我国一向注重通过强化技术研发与科技合作主动推进产业升级，目前的产业基础、基建设施有利于吸引发达经济体的中高端技术密集型产业迁入。但是疫情持续下国家安全、产业安全、供应链安全等议题逐渐被视为中高端产业迁入我国以及与我国技术合作的风险，延迟了我国制造业的转型升级。二是以美、德、中为中心的三大区域生产网络之间的联系将以数字化形式趋于更加紧密，产业链数字化、价值链数据化、创新链平台化和供应链智能化的趋势将日益加强，并将深度影响着世界经济增长的动力、结构和形态。

特别是后疫情时代下疫情的不确定性，加重了全球供应链在全球范围内的重构和调整。数字化转型可以带来两个结果：一方面，通过数字化增强全球制造业链条的"黏度"，减缓或弱化全球制造业"逆全球化"效应，维护制造业产业体系的完整和安全；另一方面，数字化转型有助于我国制造业的升级和全球供应链中地位的提升，增加我国制造业的全球竞争力和产业效益。

3.4.1 数字化转型的内涵

数字化转型包含两个内涵，其中"数字化"通常是指收集、分析和应用数据的能力，而"转型"更多地表示包括流程在内的业务转型以及组织整体的转型。从工具上讲，除了传统意义的机器人、机床等硬件设备，数字化依靠 IoT（Internet of Things，物联网）、MEMS（Micro-Electro-Mechanical System，微机电系统）传感器、机器与大数据技术等在内的数据，通过云计算、边缘计算、泛在计算等数据处理方法，以及流程模型、人工智能和数字孪生等业务再造工具，来实现制造业的转型升级。因此，制造企业数字化转型是"软件"和"硬件"的综合变革：一方面，基于制造模块化研发设计、可持续的生产、设备维护与精益能源投入，实现经济化和效率化的"硬"升级；另一方面，通过数字化绩效管理和供应商动态协调，提升数字化"软"转型。数字化要实现的是从人际信任到数字信任的目标，企业上下游之间会形成数字化的连接，彼此之间也会转化为数字化的信任，即在供应链运营中各个环节的数据和信息都能实现实时（Real Time）、透明（Transparency）、互联（Interconnection）、可追溯（Traceability），最终达到可视化、自感知和自适应这三个目标。

3.4.2 数字化转型对供应链价值创造体系的提升

根据价值创造的规律以及对于制造业价值增值的机理，从价值的产生过程来看，主要是通过价值提出、价值创造、价值传输和价值实现四个阶段，数字化技术可以对以上四个价值过程均产生影响。从互联网环境下用户参与式研发设计问题研究、互联网环境下大规模定制化生产问题研究和互联网环境下制造服务化问题研究三个微笑曲线价值创造环节分析上，中国制造业将面临价值体系在生产前端和后端加深，制造过程更加数字化的转变，传统制造业企业通过生产消费者需要的产品来实现企业价值，然而信息化技术，尤其是大数据技术和云计算技术支持下服务型制造生产模式日益兴起，帮助企业实现产品价值增值。从价值生成和制造业价值增值机理角度看，我国数字化能够带来价值链重构和整个供应链价值创造体系的全流程提升。然而从制造业价值生成的要素投入上看，需要考虑六大因素：政治社会环境和法律体系、基础设施、工业分工体系、能源电力水源供应、劳动力和消费市场。这些有力地推动了我国制造业过去几十年的蓬勃发展。然而，数字化新兴科技的发展对于产业链具有"二元"效应：一是数字化加速了供应链环节之间的复杂和频繁互动，增强了供应链黏度和脱链阻力；二是数字化能够降低制造业对于劳动力和基础设施的依赖，要素投入对于制造业供应链构建中的作用机理发生了重要变化，在一定程度上促进了近岸生产的回流。

3.4.3　数字赋能全球供应链转型的影响机制

疫情凸显了人力在制造业应对疫情中的脆弱性。比如，因 2020 年 3 月工人感染新冠病毒，意大利超级跑车制造商兰博基尼公司、法拉利公司、菲亚特克莱斯勒公司等关闭位于意大利的工厂，全球汽车从原材料到成品的产业链受到重大打击。全球制造业数字化转型从三个方面影响着供应链转型重构：一是通过数字化手段开展线上会议、远程运营管理和设备运行维护，降低生产中断风险，提高制造企业生产运作的稳健性；二是数字化转型升级构建的高价值数据池有助于制造企业完成优化决策，如市场预测、订单管理、生产管理、排产计划、备货管理、设备运营管理等；三是供应链的数字化转型有助于整个供应链的协同行动从而提高供应链的柔性和韧性。数字化可能会带来好处，但也是双刃剑，其投入占用宝贵的资金，可能使企业面临较大的失败风险。

3.5　后疫情时代我国制造业全球供应链数字化转型模式

从消费者营销端开始，到零售和分销环节的数字化渗透，最终到生产端和原材料供应端，后疫情时代下疫情发生的不确定性加速我国制造业全球供应链的数字化转型与升级重构。同时，疫情不确定性也促使我国制造业企业重新思考数字化转型时代的业务策略以及全球供应链转型模式，这与我国制造业发展战略相关。根据麦肯锡对全球 1 000 多家制造企业的调研，大约 70% 的企业停留在转型试点阶段（试点陷阱），无法实现价值和竞争力的突破[18]。

我国制造业数字化转型困境如图 3-10 所示。究其原因主要有四点：一是技术应用难以突破试点，不同行业的数智技术驱动要素具有差异性；二是缺少合理的顶层设计，点状应用难以形成规模，供应链各个环节在后疫情时代风险要素不同；三是模式创新不足导致客户增值不足被淘汰，我国制造业企业创新能力发展进入爬坡、攻坚阶段，正面临疫情不确定性带来的多重阻力；四是组织没有相应地变革，制造业组织变革本质上是行业思维模式和市场行为模式的变革[19]，不突破疫情发生前的传统模式和方法，无法完成思维模式和行为模式的创新迭代。因此，后疫情时代我国制造业全球供应链数字化转型模式至关重要。围绕国务院为中国制造做的"加减乘除"运算，本文提出后疫情时代我国制造业全球供应链数字化转型"加减乘除"四种模式。

图 3-10　我国制造业数字化转型困境

3.5.1　加法模式

疫情对制造业供应链线下业务的影响巨大，造成全球范围内的供应链断裂。加法模式强调的是连结与创建，在原有数字化水平之上做增量提升。通过诊断我国制造业全球供应链数字化转型的技术障碍、业务困境和组织漏洞，找到影响供应链数字化转型升级过程中的问题，并以数字化手段予以提升，具体包括：第一，企业内部通过系统融合打通供应链信息孤岛，构建覆盖全价值链的闭环质量管控体系；第二，企业外部运用人工智能、区块链、云计算和大数据分析等先进科技构建数字孪生应用物联网平台，增加线上业务，形成人力、物力、财力的科学智能管理体系，打造"国内循环为主，国外循环为辅"的全球供应链生态圈；第三，疫情时代，供应链网络设计从追求精益到适当增加冗余（如多源采购），从追求零库存到设置库存备份。数字化转型加法模式主要目标是重构疫情之下我国制造业全球供应链的循环体系，稳固国内国外双循环生态圈，增强我国制造业全球供应链的韧性。

3.5.2　减法模式

顾名思义，数字化转型的减法模式主要侧重于"降低"，更倾向于立足当前。从基础问题入手，具体包括：第一，降低我国制造业全球供应链扩张的速度，缩短供应链长度，从全球布局到注重本地化。疫情促使我国制造业全球供应链从"效率优先"转到"安全有效"；第二，降低供应链断裂风险。数字化转型模式有必要适应全球供应链在疫情之下的重构模式，注重通过信息化加强供应链断裂风险预测和疫情政策风险评估；第三，减少线下环节，注重无纸化和无接触化流通模式；第四，降低数字化转型中的非技术障碍，全面提升员工数字化认知，用"精益数字化"方法论指导供应链管理，减少浪费；第五，标准化、规范化作业流程，减少人为疫情原因所造成的损失。数字化转型减法模式主要目标是重构企业供应链结构，使企业能够尽可能降低风险，保持供应链韧性。

3.5.3 乘法模式

数字化转型的乘法模式更多聚焦在企业全价值链层级上进行的全球供应链生态圈，使企业通过数字化转型实现技术、业务和组织方面的全面升级，主要包括：第一，制造环节价值链通过纵向集成，从产业链上下游进行数字化拓展；第二，创建新的增值业务模式，包括构建具有溯源与预测功能的数字化供应链生态系统；第三，实现端到端打通链接的数字化转型，推广供应链平台化，实现"一加一大于二"的升级转型；第四，因为疫情管控会带来各国海、陆、空的运载方式随时停运，所以加强多式联运系统建设，保障全球供应链的运输系统韧性；第五，打造生产环节的无人生产系统，交付环节的无接触配送，实现有人与无人系统的灵活补充。数字化转型乘法模式主要目标是促使我国制造业全球供应链在数字化转型基础上实现升级重构，构建具备韧性的自适应生态圈模式。

3.5.4 除法模式

除法模式重点在于"消除"数字化转型过程中的障碍，带给企业一个新起点，向更高水平迈进。制造业全球供应链数字化转型进入蓬勃发展阶段，这对社会治理现代化提出更高要求，具体包括：第一，破除原来的劳动分工和精益理念的惯性；第二，消除"无疫情时代"惯性思维，依托数字化信息技术制定疫情风险规避应急措施，加强全球供应链数字化安全体系构建；第三，打破组织转型中自上而下金字塔架构，构建扁平化且具有敏捷性、灵活性的组织架构；第四，转变原有的成本优化思路，建立安全有效和韧性优先的供应链构造思路；第五，打破内外循环壁垒，形成内外双循环的有机结合；第六，打破原有的信息技术资源僵化的局面，通过数字化技术轻量化、灵活化，如传统的 ERP 系统侧重功能的大而全，不容易改，因此有必要打造可移动、实时性强的信息化资源。数字化转型除法模式主要目标是保障我国制造业全球供应链数字化转型的有序开展，实现重构全球供应链新格局。

3.6　参考文献

[1]　麦肯锡全球研究院 . 中国与世界：理解变化中的经济联系 [R/OL]. (2019-07) [2021-
　　10-31].

[2]　张辛欣，王黎 . 新冠肺炎疫情对全球供应链的影响和政策建议 [J]. 供应链管理，
　　2021，2（2）：5-12.

[3]　李虹林，陈文晖 . 新冠疫情对全球制造业供应链的影响及我国应对策略 [J]. 价格理
　　论与实践，2020（5）：9-12.

[4]　对外经济贸易大学全球价值链研究院 . 后疫情时代的全球供应链革命——迈向智能、
　　韧性的转型之路 [R/OL]. (2020-09-17) [2021-10-31].

[5]　Wang Z, Wei S J, Yu X, et al. Characterizing global value chains: Production length and
　　upstreamness[R]. [S.l.]: National Bureau of Economic Research, 2017.

[6]　WTO. Global Value Chain Development Report 2019[R/OL]. (2019-04-16) [2021-10-
　　31].

[7]　刘伟华 . 疫情下全球供应链重构与中国制造业应对 [J]. 人民论坛，2020（18）：61-65.

[8]　李春顶，邢泽蕾 . 订单回流与疫情后制造业价值链重构警惕"外向型"经济路径依
　　赖 [J]. 进出口经理人，2021（7）：42-43.

[9]　杨丹辉，渠慎宁 . 百年未有之大变局下全球价值链重构及国际生产体系调整方向 [J].
　　经济纵横，2021（3）：61-71.

[10]　中国物流与采购联合会 . 指数基本平稳，全球经济稳定复苏基础仍待巩固——2021
　　年 10 月份 CFLP-GPMI 分析 [EB/OL]. (2021-11-06) [2021-11-07].

[11]　World Trade Organization. World trade primed for strong but uneven recovery after
　　COVID-19 pandemic shock[EB/OL]. (2021-03-31) [2021-10-31].

[12]　UNCTAD.Trade and Development Report 2021: from recovery to resilience: hanging
　　together or swinging separately?[R/OL] (2021-09-15) [2021-11-07].

[13]　McKinsey Global Institute.Globalization in transition: The future of trade and value
　　chains[R/OL] (2019-01-16) [2021-11-01].

[14]　蒋含明，谢仁非 . 疫情背景下贸易冲突常态化与我国全球价值链嵌入 [J]. 国际贸易，

2020(12):75-84.

[15] Research Institute for Global Value Chains, University of International Business and Economics.UIBE GVC Indicators[DB/OL]. (2016-12-26) [2021-10-31].

[16] 郭宏，伦蕊.新冠肺炎疫情下全球产业链重构趋势及中国应对 [J].中州学刊，2021（1）：31-38.

[17] 戴翔，张雨.全球价值链重构趋势下中国面临的挑战、机遇及对策 [J].China Economist，2021，16（5）：132-158.

[18] 麦肯锡，世界经济论坛.第四次工业革命:制造业技术创新之光 [R/OL] (2019-01-10) [2021-10-31].

[19] 葛明磊，武亚军.产能过剩背景下国有企业战略变革过程中的主导逻辑研究——以山东青州中联"水泥 +"一体化转型为例 [J].科学学与科学技术管理,2021,42（1）：146-160.

04

新发展格局下的产业供应链转型与创新

深圳市怡亚通供应链股份有限公司

邱普、蔡盛洁

过去的几十年，与产品相关的完整产业链在全球范围内根据"比较优势"进行分布，形成了全球范围内的产业链链条更加紧密的全球化生产、流通、服务供应链。依托门类齐全的现代工业体系、产业聚集优势、区位资源禀赋等，中国深度参与全球产业链体系建设，在全球产业分工和价值链中的地位不断提升，成为东亚产业链中枢，是全球产业链中不可或缺的一环。然而，新冠疫情及全球贸易摩擦的双重不确定性，使日趋融合的全球产业链受到一定的挑战，全球供应链分工程度最高、产业链复杂程度最大的机械、汽车、电子通信等产业，以及涉及公共卫生安全的制药、医疗器械等产业，将率先形成新的全球供应链格局。

在此背景下，国家在中央经济工作会议、"十四五"规划（全称为《中华人民共和国国民经济和社会发展第十四个五年规划和 2035 年远景目标纲要》）及涉及多个领域的多项政策中提出要确保我国产业链供应链安全稳定与自主可控，并明确我国将加快形成以国内大循环为主体、国内国际双循环相互促进的新发展格局。利用中国的超大市场规模，围绕产业链核心企业，集聚上下游产业企业，打造区域产业新链条，倒逼形成相对独立而又非封闭的国内供需匹配的产业链供应链市场。

4.1　我国产业供应链发展概况

4.1.1　国家出台多项政策支持产业链供应链的稳定发展

我国作为制造大国和世界工厂，在一定程度上是发达国家全球资源配置、生产环节外包、服务型制造开展的结果。我国产业结构在向全球产业链中高端迈进的同时，已成为全球价值链中间产品的重要参与者，产业链供应链上的各企业间相互依赖程度加深，大力发展产业链供应链已成为不容忽视的产业发展趋势。

在经济全球化背景下，由于产业链的联结作用，中美贸易摩擦叠加新冠疫情，使全球产业链和供应链平稳有序运行受到了不同程度的冲击，全球范围内的"断供"使"供应链安全""产业链重构"成为各国关注的重点。2021 年《政府工作报告》、"十四五"规划等把"产业链"与"供应链"深度绑定，维护产业链供应链稳定成为近期宏观经济调控的重点目标，强调立足我国产业特色、产业分工、产业协作，持续固链、补链、延链、强链，以提升产业链、供应链的完整性来完善供给体系对国内需求的适配性，为增强我国产业链供应链自主可控能力，实现基于产业链协作、供应链协同、数据链联动、创新链共享的双循环发展新格局提供了强大的政策保障。

4.1.2　疫情下我国产业链供应链发展相对稳定

我国深度参与全球供应链和产业链分工且范围不断扩大，与全球价值链相互嵌套、深度融合，成为全球产业链不可或缺的重要一环，形成以我国、美国、德国"三足鼎立"的产业链新格局。任何一个环节的停滞，都将放大产业链关联乘数效应，加大全球供应链的脆弱性。根据国家统计局《中华人民共和国 2021 年国民经济和社会发展统计公报》数据显示，2021 年我国进出口货物总额为 39.1 万亿元，同比增长 21.4%，贸易顺差 4.37 万亿元，同比增长 20.2%。

后疫情时代，许多发达国家提出"制造业回归"，将会降低或撤回在中国的投资与生产，这势必对我国制造企业产生一定的影响。但就产业基础、企业经营目标及未来发展规划等角度来看，我国产业链供应链仍然保有较为稳定的发展态势：一是我国是全世界唯一拥有联合国产业分类中所列全部工业门类的国家。齐全的产业门类，完善的基础设施，使各个行业具有形成上中下游产业集聚的优势，并形成了以长三角、珠三角为代表的产业集群，产业结构稳定；二是由产业集群获得的规模效益，在一定程度上能够降低生产制造成本。企业的经营是市场行为，其基于成本的考虑而产生，中国作为全球产业链供应链的重要参与者，其中间产品的综合成本相较于其他国家更低。短时间内寻求他国新供应商，匹配现有规模生产商的价格不易实现；三是我国正在积极推进中高端产品国产化战略，以降低我国产业链供应链的风险及对外依赖。

4.1.3　中高端产业高地相对集中，易于形成完整产业供应链

表 4-1 展示了我国部分中高端产业主要聚集区域（总部 + 研发中心）。由于我国城市发展水平差异，中高端产业分布呈现与经济发展高度一致的特点。根据头豹研究院《2020 年中国显示面板行业概况》、中国半导体行业协会与赛迪顾问对外发布的"中国半导体十大（强）企业排名"、中国汽车工业协会对外公布的"2020 年销量排名前十的国内汽车集团"、药智网发布的《2020 中国药品研发综合实力排行榜》等材料统计，集成电路、汽车及其零部件、显示面板、自动数据处理设备及部件、医药、飞机等中高端产业主要集中于我国 "4+10+1" 个城市，即北京、上海、广州、深圳四个一线城市，成都、重庆、天津、武汉、杭州、苏州、南京、西安、郑州、东莞十个新一线城市，以及明星城市合肥。根据各省、市发布的 2021 年前三季度 GDP 排名，这 15 个城市的 GDP 总量均处于全国前 25 位。

表 4-1　我国部分中高端产业主要聚集区域（总部 + 研发中心）

中高端产业	主要代表企业	主要工厂覆盖城市
显示面板领域	京东方	北京、成都、重庆、武汉、合肥、苏州、福州、鄂尔多斯、绵阳、昆明
	华星光电	深圳、武汉、惠州、苏州、广州
	深圳天马微电子	深圳、武汉、成都、上海、厦门
	和辉光电	上海
	鸿海	深圳、郑州、广州、成都、贵州
	维信诺	廊坊、昆山
	惠科股份	郑州、重庆、绵阳、滁州
	柔宇科技	深圳
主要电子品牌研发中心	华为研发中心	深圳、北京、西安、上海、武汉、杭州、南京、成都、苏州
	小米研发中心	北京、南京、深圳
	OPPO 研发中心	深圳、东莞、成都、西安
	vivo 研发中心	深圳、东莞、杭州、南京、北京、上海
	中兴研发中心	深圳、上海、武汉、南京、西安、三亚、北京、成都、重庆、广州
	海康威视研发中心	杭州、北京、上海、武汉、西安、成都
	联想研发中心	北京、南京、深圳、上海
集成电路设计产业	深圳海思	深圳、北京
	豪威集团	北京、深圳
	北京智芯微电子	北京
	深圳中兴微电子	深圳
	清华紫光展锐	北京
	华大半导体	上海
	深圳汇顶科技	深圳
	格科微电子	上海
	杭州士兰微电子	杭州
	北京兆易科技	北京
集成电路制造工厂	中芯国际	北京、上海、深圳、天津
	华虹集团	上海、无锡
	华润微电子	无锡、深圳、东莞、重庆、
	和舰芯片	苏州
	西安微电子	西安
	武汉新芯	武汉

续表

中高端产业	主要代表企业	主要工厂覆盖城市
自主汽车研发	上海汽车	上海
	长城汽车	保定
	华晨汽车	沈阳
	一汽	长春
	东风汽车	武汉
自主汽车研发	长安汽车	重庆、北京、保定、合肥
	吉利汽车	杭州、宁波、上海
	北京汽车	北京
	奇瑞汽车	芜湖、上海
	广州汽车	广州
制药研发	江苏恒瑞	连云港
	复星医药	上海
	正大天晴	南京
	齐鲁制药	济南
	石药集团	石家庄
	百济神州	北京
	扬子江药业	泰州
	东阳光药业	东莞
	四川科伦药业	成都
	信达生物制药	苏州
民用飞机制造	中国商飞	上海
	西飞	西安
互联网信息技术服务业（研发中心）	阿里巴巴	杭州、北京、上海、杭州、深圳
	网易	杭州、北京
	腾讯	深圳、北京、成都、武汉、西安
	百度	北京、上海、深圳
	京东	北京、成都、西安、深圳
	美团	北京、厦门、成都

中高端产业极易围绕产业链核心主体形成上下游产业供应链，例如京东方在合肥建设了全国最大的生产基地，而与京东方相配套的玻璃基板、

显示面板产线设备、显示面板光学材料、靶材等上游企业分别到合肥设厂；同时，下游企业也纷纷进驻合肥，形成了以京东方为链主企业的显示面板产业供应链，如图 4-1 所示。

图 4-1　以京东方为链主企业的显示面板产业供应链

4.2　产业供应链发展痛点分析

4.2.1　依赖于资源禀赋的传统产业集群，其优势正在逐步弱化

确保我国产业链供应链自主可控，不仅针对中高端产业，也包括传统产业。然而我国传统产业集群大多是原生性产业圈，得益于本地资源，企业间经过长期磨合形成了以降低地理集聚成本的上下游合作优势。这种以资源禀赋发展产业经济的方式，会随开发的产量与时间不断弱化，同时，"互联网 +"模式带来的虚拟产业集群会突破原有产业的地理限制，降低传统产业企业对区域的依赖。资源禀赋产业链在一定时期内实现稳步发展，但这也意味着大部分产业部门将被锁定在产业链的低端，这种高耗能的经济发展方式难以持续。

4.2.2　产业供应链协同运营薄弱，阻碍了产业链层次提升

尽管供应链思想不断融入企业运营，且部分产业链系统已形成了上下关联的基本格局，但产业链各节点上的企业间独立管理，普遍缺乏具有供应链

组织能力的龙头企业主导，在采购体系、生产制造进度、库存规划、物流运营体系等方面协同紧密度不足。产业中上游的连接一般以产出为纽带，中下游缺乏设计、生产、流通、分销、营销、品牌孵化等供应链服务，末端顾客的消费反馈等融入程度更低。薄弱的产业供应链运营，不仅不利于快速抓住市场个性化需求，导致产业链上游在面对市场转型升级过程中呈现一定的滞后性，而且使我国在产业链不断延伸过程中的产业集群扩大规模、提升层次受到了限制。

4.2.3　对外依存度较高，或将抑制国内消费提档升级

虽然我国连续多年稳居全球制造业第一大国，但大而不强、全而不优的问题使我国产业链仍处在加工组装和配套阶段，居于全球产业链中间位置。根据 2020 年至 2021 年国家统计局"对外经济贸易"数据可知，近两年，我国对外贸易依存度约为 33%，一些核心技术和零部件、关键基础材料甚至高端成套设备需要通过进口中间品才能完成生产过程，其中，自动数据处理设备及其部件、机电产品、高新技术产品三类产品进口额约占总进口额的 80%，对外具有较高依存度。

"十三五"（2016—2020 年）以来，我国的消费对经济增长的贡献率平均在 60% 以上，2021 年这一比重达到 65.4%，消费成为经济增长的主要拉动力。然而，面对我国主动引导全球产业链向国内产业链转移，建立国内循环大市场的发展趋势，中国制造业发展依然过分依赖于全球产业分工模式下的全球价值链，造成对国内消费的提档升级的忽视。

4.2.4　企业技术与模式的创新能力较弱，产业供应链创新乏力

在供应链驱动下，技术创新与模式创新将成为企业创新和核心竞争力提升的关键。当前产业链上的单个企业在人力、资金、设施设备上的投入能力

有限，难以完成自主创新，而且不同产业集群内业务同质化企业扎堆，大多数企业还处于贴牌加工、模仿加工阶段，在产品性能、外观、营销等方面相互模仿，在有限的市场容量下以低价格争夺市场。同时，我国在与产业供应链发展相配套的传统产业集群研发企业、现代服务企业、品牌孵化等企业较少，创新能力较弱。

4.3　供应链服务企业成为产业供应链转型与创新坚实后盾

面对上述我国产业供应链发展痛点，怎样有效衔接产业链各个环节，实现各方资源集约共享，推动产业向高技术、高附加值、高品质、高效益转型升级成为当前关注重点。供应链服务企业往往拥有从战略资源、金融资本到生产制造再到销售与服务市场的能力与功能，并逐渐由服务参与向主导引领跨越，为产业供应链转型与创新提供坚实后盾。

4.3.1　以专业化供应链服务保障产业链韧性

在国家大力提倡维稳产业链供应链发展，提升我国产业链关键环节、技术的当下，供应链服务企业以服务型制造为切入点，深化业务关联、链条延伸、技术渗透，辅助上下游建立稳定、可靠的供应链关系，为链条上的企业发展提供持续稳定的外部环境。供应链服务企业专注于"非核心业务外包"，在服务过程中不断深入垂直产业链，基于产品全生命周期协同体系与企业所处位置，为产业链上下游提供与产业配套的一站式供应链解决方案，使企业能够将注意力集中于稀缺原材料、关键技术、市场等约束资源，更好决策供应链的运行效率与节拍。供应链服务企业以构建完善的产业供应链服务理念，引导产业链条上下游企业形成前后紧密关联的利益共同体，助力制造业与服务业耦合共生，共同推动我国产业链向中高端方向发展。

4.3.2 以合作创新推动产业链整体竞争力跃升

产业集群内供应链核心企业拥有在技术、市场、品牌等方面的竞争优势，上下游企业基于原材料、零部件供应，或产成品分销等业务展开密切的产业关联，核心企业为享受高质低价的产品或服务，会有意将非核心技术向上下游进行技术溢出，寻求合作创新。供应链服务企业围绕产业集群内的核心企业诉求，服务上下游时，基于服务对象空间接近且具有共同的产业文化背景，技术溢出效应会更易通过供应链服务企业显性或隐性地表达，在产业链上进行更广泛的延伸，进而推动产业集群内部不同企业间进行互补式创新活动，实现产业供应链关联技术和产业配套能力整体提升，巩固与拓展区域知名度与竞争优势，助力我国实现从制造大国向制造强国转变。

4.3.3 以服务产品的广覆盖、强渗透、高影响为产业供应链发展保驾护航

随着我国出台多项政策支持供应链发展，供应链服务企业以其广覆盖性、强渗透性、高影响力，进入发展的快车道。截至 2021 年 8 月，根据网络企业信息查询平台不完全统计，我国以"供应链"为企业名称，所属商务服务业且正常运营的供应链服务企业（不包括非营利社会组织及基金会等组织机构）近 14 万家，覆盖我国 31 个省市并垂直深入各级县市。服务行业涉及电子、汽车、机械、大宗商品、快消、医疗、化工、建材等领域，几乎涵盖我国所有产业门类；同时服务领域囊括采购执行与销售执行、商务管理、进出口通关、国内外物流、信息数据处理、供应链金融、品牌运营、分销营销等全流程供应链服务。在 2021 年由《财富》发布的世界 500 强名单中，我国有 5 家头部供应链企业进入，实现 2020 年累计营收 2690.97亿美元，并实现境外收入的快速增长，极大地影响全球产业供应链格局的重构。供应链服务企业区域分布情况见图 4-2。

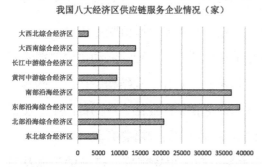

我国八大经济区供应链服务企业情况（家）

2017年前后我国成立的供应链服务企业占比（％）

数据来源于"爱企查"；

根据国务院发展研究中心《地区协调发展的战略和政策》报告，将我国分为八大经济区[1]。

图 4-2　截至 2021 年 8 月，我国供应链服务企业区域分布情况

4.4　实践案例：怡亚通产业供应链服务转型升级

深圳市怡亚通供应链股份有限公司成立于 1997 年，是世界 500 强——深圳市投资控股有限公司旗下企业，中国首家上市供应链企业（股票代码 002183）。在我国产业亟待转型升级的背景下，怡亚通引领行业发展，率先聚焦产业供应链服务，主动应对以国际需求不确定、产业链外迁风险并存为主要特征的后疫情时代风险，积极融入以国内大循环为主体、国内国际双循环相互促进的产业链发展新格局。本节将以怡亚通为代表，阐述供应链服务企业着力帮助产业补链、串链、固链、强链，在产业链中打通或重构企业链、数据链、价值链，形成企业 + 产业双轮驱动的供应链协同体系的实践经验。

4.4.1　以"供应链 +"服务重点补链，实现关键领域供应链服务

怡亚通将自身定位于"供应链综合服务运营商"，围绕产业链企业原材

1　我国八大经济区涉及的省份具体为：东北综合经济区包括辽宁、吉林、黑龙江；北部沿海综合经济区包括北京、天津、河北、山东；东部沿海综合经济区包括上海、江苏、浙江；南部沿海经济区包括福建、广东、海南；黄河中游综合经济区包括陕西、山西、河南、内蒙古；长江中游综合经济区包括湖北、湖南、江西、安徽；大西南综合经济区包括云南、贵州、四川、重庆、广西；大西北综合经济区包括甘肃、青海、宁夏、西藏、新疆。

料采购、生产、分销、物流、金融等产品生命全周期，从基础供应链运营服务向创新品牌、物流、金融、资讯、商业交易等多项增值服务拓展。

面对形成自主可控产业链供应链的总体要求，怡亚通联动协调关键领域制造过程中的供应链建设，推动供应链链条企业在产业结构、产品结构和企业组织形式等方面升级和改革，成为新时期拉动产业链、产品链向中高端提升，最终实现价值链的跃升、产业供应链融合发展的重要突破口。

怡亚通深入分析计算机产业链上层逻辑、市场规模、进驻壁垒以及自身产业优势，在 2019 年年初，成立卓怡恒通，基于龙芯、申威等系列 CPU（Central Processing Unit，中央处理器）提供主板和整机产品的研发、生产及供应链服务，强化集成创新能力与技术能力，突破关键环节。同时，怡亚通加强与固件厂商、操作系统厂商、通信行业名企及科研院所建立科研合作，推动计算机产业基础能力链式突破，实现"点式突破"与"链式协同"相融合，形成基于创新链共享、供应链协同、数据链联动、产业链协作的自主发展能力。2020 年，怡亚通营收近 8 亿元，产能 25 万套，在国内相关细分市场占有率达到了 15%。

4.4.2 以创新的嵌入式产业供应链加强串链，激发企业内生性生长动力

面对当前资源环境约束增强、传统要素禀赋优势减弱、市场环境有待优化、创新动力尚且不足等方面的产业经济环境，怡亚通深入垂直产业链供应链领域，不断实践产业集聚、协同创新、产融结合的产业供应链发展新模式，通过整合产业资源、提升发展方式、加强市场资源配置等手段，破除传统产业的发展瓶颈，不断完善延伸区域产业链条，将实现产业链上的精准连接和优化管理、加速产业升级作为发展方向。怡亚通创新"嵌入式产业供应链"发展路径，联合当地国企成立综合商业合资公司，整合当地政策资源、国企资源、社会资源、区域资源及行业资源优势，将自身商业模式、品牌、网络、管理、运营等各方面专业化供应链管理能力与"供应链平台＋"赋能体系进

行整体打包输出，共同搭建产业供应链服务平台，为当地提供产业配套的一站式供应链服务。

在广西贺州地区，怡亚通以采购、物流、分销、金融、品牌营销等供应链服务，打通或重构企业链、数据链、价值链，有序推进地方碳酸钙产业"品牌化、数字化、产业化"发展。通过加强与当地人造岗石、高端粉体、塑料母粒、涂料、新型建材以及机械加工、树脂加工、废弃物综合利用等制造企业形成联动管理，使产业链延伸到各个细分领域，推动贺州建立"石材矿山开采—板材和工艺品加工—边角废料回收—碳酸钙超细粉重质—人造岗石合成—新材料制备—碳酸钙固废综合利用回收"的"一石多吃、吃干用尽"的循环产业链，帮助当地强化产业链，深度融入粤港澳大湾区。

截至 2021 年，怡亚通产业供应链平台落地 30 余个城市项目，2020 年助力各地方实现 GDP（Gross Domestic Product，国内生产总值）191 亿元；2021 年 1—4 月，地方政府 GDP 为 68 亿元，怡亚通加速了当地核心产业的转型与升级。

4.4.3 以推动供应链服务数字化转型着力固链，提升产业链整体运行效率

怡亚通以"供应链＋科技"，依托大数据、云计算、区块链、物联网等新一代信息技术手段，开启供应链数字化转型之路。怡亚通基于现有客户关系管理、供应链业务运营、物流仓储及运输、财务管理、人力资源管理、智能办公等信息系统，将"数字化转型技术与实施能力"产品化，将原有单纯业务系统打造为业务、财务融合的系统平台，将信息化管理从存货管理延伸到采购环节、生产环节、销售环节，建立横向协同化、纵向专业化、分类分级操作的模式，将传统的单一化企业发展目标分散决策改变为以供应链为主体的整体效益协调决策，并与外部第三方金融、海关、税务、银行、工商各个系统互联互通，形成对供应链服务全链条的系统支撑。同时，怡亚通不断完善"怡亚通 App"供应链服务平台，"整购网""怡通云""药购网"

等新流通平台与"供应链云""运多星"等第三方服务平台，实现多系统、多企业、多环节间的数据协同、资源协同、商务协同、人才协同、财务协同及业务协同。图 4-3 展示了怡亚通数字化转型整体框架。

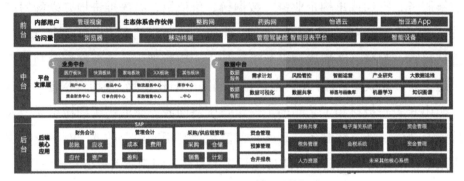

图 4-3　怡亚通数字化转型整体框架

通过数字化转型，在面向生产环节的服务中，怡亚通将供应商数据库与平台系统数据实现对接，企业可以通过平台数据库对所有采购订单、物料配备情况进行实时监测。在面向产品的分销环节服务中，品牌商可以实时了解产品分销流向及销售情况，并通过多种数字化平台向终端消费市场服务延伸，可获得精确的市场需求反馈，并引导消费市场对产品和服务在某个节点上延展出新的需求，构成额外消费。在物流服务方面，怡亚通推广智能化物流装备和仓储设施，从而提升物流环节的计划、调度、运作、监控能力。

目前，怡亚通以数字化平台有效连接供应商、生产商、经销商、品牌商、政府机构等众多参与者，贯通从产业链源头生产端到消费终端的全流程产业链，推动经营、管理、服务模式的数字化变革。截至 2021 年 7 月统计，平台上线后的三个月内，怡亚通内部 83 家主要经营单位的市场费用较上一年度同期实现下降，部分公司市场费用下降约 3%。

4.4.4　以树立推广产业供应链服务标杆辅助强链，助力多领域产业供应链布局

构建自主可控的产业链供应链体系是新发展格局形成的基础和运行架

构,制造业强化创新能力,突破技术和产品可能被"卡脖子"的关键领域、关键工艺、关键环节成为我国应对国际产业格局不确定性的重中之重。供应链服务作为承接制造企业非核心业务外包,辅助提升产业链供应链弹性,保障产业链企业间协调运行的重要一环,其在探索中形成的经验能够有效强化产业链面对突发重大事件的韧性。

怡亚通深耕供应链服务行业二十余年,企业重视在发展过程中积累的宝贵经验,在服务区域产业过程中,形成了以嵌入式产业供应链发展服务为核心的服务模式。怡亚通总结基于各地区优势产业的供应链服务典型经验,集中体现了供应链服务对区域产业链企业紧密性、区域间产业协同性、产业链治理现代性的推动作用。这些经验在广西贺州、广西南宁、四川宜宾、河南洛阳、山东济南、山东青岛、四川成都、甘肃张掖、河南郑州等地逐步落地。

怡亚通以开展"产业转型升级新动能"系列大会的方式,整合行业资源、协会资源和合伙人资源,为当地企业搭建资源对接平台,帮助企业将产品渗透至细分市场的销售渠道,并提供行业资讯、政府政策引导、营销策划、商务推广、商品展览等商务服务。在山东济宁,围绕机械制造、新材料、食品、电子科技、智能科技等领域,怡亚通旗下公司与产业链上下游的十余家优秀企业达成业务深度合作,推动产业合理集聚发展,带动全行业形成从模式创新到产业整合,从区域集聚到内外协同的发展路径,充分发挥供应链服务在产业溢出辐射和产业资源虹吸效用,助力多领域产业供应链布局。

4.5　产业供应链转型与创新的建议

供应链服务企业一头串联产业链条各个运营主体,一头传递市场供需信息,针对产业供应链发展实际精准施策,形成跨区域、跨产业、跨企业的协调联动机制,最大限度集结各方优势,促进服务创新、模式创新、技术创新、组织创新,增强生产及流通领域的稳定性、可控性与自主性。本节通过总结供应链服务企业在产业供应链方面的实践经验,特提出以下政策建议。

4.5.1 大力发展现代供应链服务，引导推动产业价值链向高端转移

增强产业链供应链自主可控力的关键在于提高对全产业链的控制力。目前世界范围内产业竞争已从原有的产品竞争上升为对高端产业链、价值链、供应链的竞争，即对全产业链的高端控制，从研发到产品升级、从生产服务拓展到品牌营销的完整产业链。除需要加强对技术研发、产品设计、品牌营销、销售网络等环节的掌控力，向价值链两端及微笑曲线两端延伸外，企业对提高全产业链的掌控力的另一核心在于对供应链和价值链的重点掌控，即以现代供应链重构产业集群，全面提升产业经济，推进制造业服务化是实现价值链向高端转移的有效途径。通过供应链服务企业布局研发设计、原材料采购、生产加工、仓储物流、分销营销、品牌孵化全产业生态，引导产业集群内龙头企业开展非核心业务外包，强化多种上下游协作生产方式，形成紧密型产业供应链；引导中小企业在产业分工中专注某一特定领域进行深化，形成供应链生态网络中"小而美"的一环，将整个产业链上的采购、生产、销售整体联动，重构产业发展规划，有效提高产业集群契合度与灵活性，缓解同质化竞争压力，实现中国企业价值链向高端转移。

4.5.2 加强产业供应链数字化转型，积极拥抱数字经济

继"互联网＋"行动计划提出以后，"数字经济"在数字科技与经济的不断互动过程中应运而生。我国数字产业逐渐进入依靠大数据、区块链、人工智能、物联网、移动互联网与传统产业融合，不断挖掘新应用场景的新时代，陆续出现新型数字消费、数字生产、制造业服务业数字化融合、数字化产业生态等。

2020年我国数字经济增加值规模达到39.2万亿元，占国内生产总值比重达到38.6%，在我国一、二、三产业的渗透率全面提升，分别达到8.9%、21.0%和40.7%，各行业进入数字化转型、业务模式创新、技术人才培养的

融合并行发展阶段。通过利用数字新技术对产业供应链进行整合、重组、分析、再造，及时准确收集，实时共享链条上资源、需求、过程、状态、控制等方面的数据，精准描绘客户画像，并将画像的数字化信息通过网络实时地传递到生产者，及时调整生产以满足需求，真正实现了买方市场要求，库存结构从大规模标准化向小批量个性化转变。

在产业企业内部，计划、采购、生产、销售等通过数字化实现从粗放管理向精细管理转型，从经验管理向数据管理升级。数字化使产业供应链各节点之间实现首端到末端的业务流程对接更加紧密与通畅，资源利用更加有效，以便快速响应客户的需求和市场机遇，应对外部的竞争环境。

4.5.3　重塑产业供应链服务模式，以产业发展整体视角实现供需匹配

供应链单纯依靠节点企业间的优势互补、同步协同来追求成本节约式的"精益生产"难以适应瞬息万变、追求个性的互联网时代，发展产业供应链不能沿袭传统的商业发展模式，而是要从大的经济市场环境及企业发展的需求出发。以产业链链主企业为核心的供应链协同思维正在不断影响和改变供应链节点企业的生产和运营。通过创新以服务整体产业为目标的供应链服务模式，以供应商、生产企业再到线上线下分销渠道等整体供应链的通力协作，替代原有突破节点企业的单纯资源互补式协同，使各环节企业依据自身产业资源、产业分工，有效捕捉不同阶段客户需求，针对性开展采购、生产、销售、物流和服务，推动整个链条的精准采购、精准生产和精准营销。进而突破传统供应链"面向伙伴"精益生产的桎梏，实现"面向顾客"的敏捷供应链转型，逐步形成围绕区域核心产业发展的全渠道、多范围、开放式、动态化的供应链网络。

4.6　参考文献

[1]　胡国良 . 全球供应链破坏与价值链再造 [J]. 现代经济探讨，2018（12）：56-60.

[2] 炤寅. 详剖 8 大中高端产业分布，谁是下一个产业高地？[J]. 投资地理，2019: 38-41.

[3] 兰健，余静. 现代供应链视角下产业集群转型升级分析与建议 [J]. 浙江经济，2019（12）: 24-25.

[4] 蓝庆新，汪春雨，郑学党. 双循环格局下我国产业链供应链稳定性和竞争力的现实与对策研究 [J]. 云南师范大学学报，2021（53）: 132-145.

[5] 胡德宝，赵静. 新冠疫情和贸易摩擦双重不确定性下中国供应链重构的策略研究 [J]. 学习与实践，2021（1）: 21-28.

[6] 陈静怡. O2O 模式下面向客户的供应链协同转型研究 [J]. 西安电子科技大学学报，2019，29（3）: 1-14.

[7] 刘敏，张日强，田强. 南山铝业供应链现状及转型升级驱动动因分析 [J]. 商业经济，2020（8）:72-73.

[8] 周京，王凌. 数字化转型助力供应链腾飞 [J]. 链景，2020（8）: 78-80.

05

数字供应链的构建

中国管理科学院数字化采购与供应链管理领域智库专家

中国招标投标协会电子招标采购专业委员会副主任

北京隆道网络科技有限公司总裁

吴树贵

供应链数字化转型，无论是理论研究或实践探索，在 2021 年都呈现出加速的趋势。这种加速现象的典型表现是，业界不再纠结"要不要转型"，转而积极探索"怎么转型"。企业经营管理团队迫切希望了解数字供应链规划建设的发展现状、基本思路、设计原则以及具体的实操步骤和运营管理等。

基于对国内外数字化转型实践的关注，笔者在此简述自己的观察和分析；结合多年来参与数字供应链系统规划和建设的亲身体验，参考国内外相关专业论著，重点分析有关数字供应链的认知以及规划建设的基本思路和实操路径，并对数字供应链人才培养以及数字文化的培育，提出自己的见解，抛砖引玉，希望对业界的相关探索提供参考借鉴。

5.1 供应链数字化转型的基本现状

有关供应链的概念，学界有不同版本的定义。国际著名供应链学者、英国克兰菲尔德大学教授克里斯托夫给出的定义是：供应链是由诸多组织形成的网络，这些组织因参与不同阶段的生产活动，以上下游的方式链接，向最终消费者交付以产品或服务为形态的价值 [1]。依照 Supply Chain Council（供应链理事会）对"供应链运作参考模型"的定义，供应链是由计划、采购、生产、配送、退货五个基本管理流程构成的运作体系（见图 5-1）[2]。

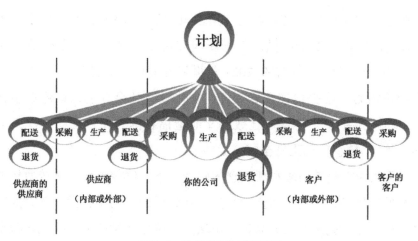

图 5-1 　 供应链运作参考模型

国务院办公厅《关于积极推进供应链创新与应用的指导意见》(国办发〔2017〕84 号)(以下简称《指导意见》)给出的定义是:供应链是以客户需求为导向,以提高质量和效率为目标,以整合资源为手段,实现产品设计、采购、生产、销售、服务等全过程高效协同的组织形态 [3]。

以上定义虽然各有侧重,但究其实质,还是大同小异。所谓"实质",是指一个产品从源头到最后交付给用户,是由诸多企业协同完成。协同,是整个供应链运行的关键所在。准确了解供应链的实质和关键,对于供应链的数字化转型和数字供应链的构建具有"提纲挈领"的意义,只有抓准了这一点,数字化才能真正助力供应链的价值发挥。

回顾供应链信息化、数字化的经历,笔者深感"理念转变"所引爆的驱动力之巨大。业界对供应链的认知已经发生了很大的改变。现如今,大多数企业不仅接纳了供应链的概念,而且和数字化结合形成了新理念。新理念的形成,得益于国家层面对供应链和数字化发展的重视,以及所制定的相关战略举措和政策引领。除了上文提及的国务院办公厅所发的《指导意见》,2020 年 10 月 29 日,中共第十九届中央委员会第五次全体会议审议通过了《中共中央关于制定国民经济和社会发展第十四个五年规划和二〇三五年远景目标的建议》,对建设现代化经济体系、提升产业链供应链现代化水平提出了要求。2021 年 3 月 30 日,商务部等八单位联合印发《关于开展全国供应链创新与应用示范创建工作的通知》，提出力争用5年时间，培育一批全国供应链创新与应用示范城市和示范企业。2021年9月26日，习近平主席在2021年世界互联网大会致辞中提出："激发数字经济活力，增强数字政府效能，优化数字社会环境，构建数字合作格局，筑牢数字安全屏障，让数字文明造福各国人民，推动构建人类命运共同体"，数字化已上升至国家战略。

正是在国家政策引领和新理念的驱动之下，供应链数字化转型呈现了加速发展的趋势，市场需求迅速趋热。在趋热的市场中，供求双方的应对举措值得关注。先从需求方来说，虽然大体确立了供应链数字化转型是发展的必由之路的理念，但是对于具体路径和实操办法，也就是"怎么转型"的问题，认识上还是参差不齐。受认知水平所限，一些主管信息化的企业领导寄希望于购买一套软件来实现企业的数字化转型。笔者认为这是一个严重的认知误区，因为每一个企业都是一个特定的存在，都有其特定的发展战略、商业模式以及与之相适应且在长期运营过程中逐渐形成的企业文化、管理模式和激励机制。所有这些就像 DNA，独特且不可复制。而数字化系统，归根结底是要适应企业文化，支持企业管理模式和激励机制的落地。因此，别人家用得好的数字化系统，到了自己家，不见得同样好。可以说，存在这个认知误区的原因，还是管理层的理念转型尚未到位。

还有一些企业对于数字供应链的建设需求，已经远远不局限于以往的采购电子化和企业资源规划。他们以供应链运行效率为出发点，重点考虑企业内部的团队协同以及与上下游企业的协同作业。这说明这些企业对于供应链的构建和运行目的、其潜在的价值有了更完整的认知，并努力想借力数字化系统，充分发挥其潜在的价值。很显然，这样的追求也给数字化服务商提出了新的挑战。

新冠肺炎疫情极大地影响了供应链的正常运行，并将供应链的短板和瓶颈暴露无遗。但从另一个角度看，新冠肺炎疫情也促进了供应链概念的普及。远程办公、在线采购等非常态的应急措施，让更多的企业看到了数字化转型可行性和必要性。

　　供应链数字化转型最具象的成果就是数字供应链的构建。因此，供应链数字化转型需求呈现爆炸式激增。就供给方来看，据 e-Works（数字化企业网）在 2021 年 8 月 13 日发布的《中国工业软件和服务企业名录》[4] 统计，有上千家国际和本地数字化厂商助力我国企业数字供应链系统建设。有理由相信其中有不少一直从事信息化系统的规划设计和开发，但是对供应链是否有过接触，对供应链的概念及其运行规律，尤其是供应链的本质，是否有深入的研究和理解，也同样有理由持怀疑和审慎的态度。

　　经过这些年的探索和实践，行业企业对已有的信息化系统，其长项和短板，有了更为深刻的认识，于是顺理成章地寄希望于数字化转型，构建一个与时俱进的供应链数字化系统。数字供应链系统的构建，显然不是"此去华山一条路"。探索"怎么转型"的问题，不仅有数字供应链的建设单位，同时也有不少服务商在努力。例如，有服务商将数字供应链相对共性的功能进行模块化构建，使之成为类似智能手机的 App，各模块之间按照特定的技术规则构建，可以自由组合、无缝对接；同时以 SaaS（软件即服务）相关技术理念打造供应链服务平台。这是一个"功能应用化，应用平台化"的创新。企业用户可以作为 SaaS 平台的租户，在平台上按需自主选用应用模块，组合搭建成适合自己的数字供应链系统。如有必要，客户选用的功能模块，也可由平台运营商根据客户的个性需求进行适配改造。系统的运行维护和升级迭代，以及用户服务，则由平台运营商全面负责。中小型企业对此种模式十分欢迎，因为投入少，上线快，运行无忧，是一种"建得起、用得上"的供应链数字化转型之路。

　　此外，还有一种也比较普遍的做法是量身定制数字供应链系统。选择这种方式的企业，通常较有实力，同时业务板块多、跨度大，一般的通用功能模块难以满足其作业需求；而且管理层对数字化转型和数据资源的汇聚利用，有整体性的认知，希望以"一网统天下"掌控全局的意愿也比较强烈。

　　尽管供应链数字化转型尚处启动阶段，但大数据技术和区块链技术在数字供应链中的应用已经开始崭露头角。细细观察这一形势，我们也可以说，正是供应链的数字化转型给大数据技术和区块链技术提供了丰富的使用场景。大数据技术是为了解决海量数据的处理加工和利用问题。供应链的日常运行，上下游企业之间的协同作业，时时刻刻都在进行着数据交互和处理，同时也在产生大量的新数据。区块链技术可以保证上下游企业之间的协同，无信任之忧，交互和处理的这些数据真实且不可篡改。

大数据技术、区块链技术与供应链领域的应用，相得益彰。随着使用场景的不断演进、应用技术不断优化完善，尤其是数据的不断积累整合，我们有理由相信，数字供应链不仅会推动商业模式的创新，还会助力下一代的数字供应链即智慧供应链快速推进。

5.2 数字供应链规划建设的基本思路

数字供应链的建设，不同于以往的采购电子化抑或企业资源规划，其内涵和外延都有了重大变化和演进发展。数字技术的飞速发展，给我们创新供应链管理提供了更宽广的想象空间。但是这些想象空间能否落地成真，有赖于我们的管理理念是否能够与时俱进。任何先进技术的应用，背后都有管理理念的引领。自信息技术开始应用到企业经营和管理以来，无论是单机版的软件，还是一个局域网内的信息系统，还是跨互联网和物联网的数字系统，背后都有一定的管理理念在引领。可以肯定的是，这些信息技术的应用，都寄托着企业管理团队提高效率和效益的期盼。但是成效大或小，与其背后管理理念所发挥的引领作用密不可分。或是功不可没，或是难辞其咎，或是两者兼而有之只是比例不同。这也就是前文所说，数字化转型不是通过购买软件就能实现的。

数字技术发展日新月异，业界对管理理念的认识也在不断升华，而升华源自对实践的总结和反思。越来越多的研究发现，既有的软件系统或信息化系统大多聚焦于某一个局部流程，而局部的优化并不能带来全局的优化，更多的情况是导致"瓶颈"或"短板"发生位移。为了应对这些"短板"，企业又不断投入资源，建设新的信息系统。这些"各司其职"的系统往往架构不统一，虽然相互之间实现了互联互通，减缓了信息孤岛效应，但不能同步升级。结果是运维和管理成本陡增。同时，由于数据的异构，本质上还是数据孤岛，数据资源因此支离破碎，过程数据的采撷、匹配利用困难重重。

回顾这些年来的理论探索和实践经验，我们发现，但凡有先进的管理理念引领，事先有过顶层设计，进行过整体性规划的信息化数字化项目，不同系统之间不仅避免了孤岛效应，而且也方便了数据的汇聚分析、匹配利用，让企业实实在在获得了数字化转型的丰厚收益。

分析这些成功的案例，我们可以归纳出以下有关数字化系统规划和建设的基本思路和经验。

5.2.1　数字系统服务的是经营战略和管理举措

每个企业都有特定的商业模式，并为此制定相应经营战略。经营团队的管理思想和管理举措也都是为了战略的实施落地。数字系统必须成为经营管理团队执行经营战略、达成战略目标的利器。实现数字化转型绝不是企业经营的战略目标。为数字化而数字化，是把工具当成了目标。因此，数字系统的规划建设，首先必须深刻、正确领会企业的战略思想，以及依据战略执行所需而确定的管理理念、所制定的具体措施，在此基础上方能进行数字化供应链的规划和顶层设计。

举例来说，华为和京东的供应链建设在业界享有良好的口碑。两家企业的商业模式全然不同，导致供应链的日常运营模式，尤其是流程设置和作业管控，相去甚远。数字化供应链的建设，本质上就是依据物理环境的供应链流程，进行"数字孪生"[5]；都是在"服务于商业模式"的大原则之下，根据各自的经营战略和管理举措来制订具体的建设规划。虽然称之为"数字孪生"，但不是简单地"从线下搬到线上"；其结果必须是"源于线下实践，高于线下实践"，必须是物理环境下的业务流程和作业管控的优化和升华。

5.2.2　数字系统落地的是高效协同和合规管控

企业的经营运作，必定因业务属性而分工负责。为经营战略的执行落地，企业管理层必定追求各业务团队之间既能"各司其职"，又能"高效协同"。为此必定会制定一系列的规章制度和流程规范。而难点往往在于这些制度和规范是否被遵守。因此，企业无一例外地将"提高协同作业效率"作为数字化系统建设的重要目的之一。

关于协同，史上最牛的口号是"心往一处想，劲往一处使"。可是问题出在对"一处"的认知和解读往往存在歧义。企业的制度和规范，就是为了保证执行团队的"一处"统一认知，包括"使劲"的方向。简而言之，只有依规的协同，才是有效的协同。因此，企业为协同所立之"规"，都必须做到"规"入系统，以此杜绝违规作业。由于企业的规章制度处于不断修正完善的动态，数字化系统也必须同步跟进。既有的信息化系统往往在这方面考虑不周，因而导致"系统建成之日，便是落后之始"。这里的"落后"，既有跟不上管理举措的变化，也有未能及时跟上新技术发展所致。因此，在技术架构上必须为数字化系统与时俱进给予充分的预设。

5.2.3　数字系统支持的是数据资源汇聚和应用匹配

数字化系统必须自动采撷汇聚企业运作的过程数据，同时对于外部数据资源具备知其所在、弹指可得的方便性，能够通过分析加工，将数据转换为可以配置的资源，满足企业经营和决策过程对数据的需求。

这一点在当下的数字化转型非常重要。传统习惯所致，IT 团队在一个企业通常都是"支持部门"。CIO（首席信息官）多半专注于解决 IT 系统建设的技术问题，两眼紧盯着系统的安全运行，或是根据业务部门的

需求，规划或开发新功能。而对于系统内传输的信息和数据的价值，CIO
却是"视而不见"。这种情况正在发生变化。导致变化的原因也很浅显：业
界和学界都开始认识到，系统所承载的数据的商业价值，远远大于企业内
部各种各样的流程以及支撑这些流程运行的所有 IT 技术系统的价值之和
（见图 5-2）[6]。

图 5-2　数据的商业价值远远大于流程和 IT 技术系统价值之和

在大数据技术的支撑下，这些内生数据通过汇聚、分析、加工，形成可
利用的资源，然后根据企业经营运作的需求进行匹配，支持高效协同和经营
决策。如有必要还可以与外源数据结合，对企业的战略决策、新产品开发提
供帮助，真正让数据成为新生产要素并发挥作用。

5.3　数字供应链建设实操路径

数字供应链的构建，是供应链数字化转型最具象的成果。为保成功，管
理理念引领系统规划和建设的全过程很重要。但是，如何将上述三大基本思
路落实到位，很大程度上取决于系统的设计和建设的实操路径。

5.3.1　数字供应链系统的设计原则

数字系统的设计，事关系统开发的技术路径选择，其目的是为了保障系
统建设的指导思想能够在技术层面得以落实。以往的信息系统建设，往往重
视系统功能如何满足线下工作环境中的各种需求，着眼于线下"场景"如何
在线上"孪生"。至于所采用的技术，也往往是以解决"痛点"为导向，忽
略了系统整体上技术路径的一致性。这种做法的结果，往往会为系统建成之
后的升级迭代"挖坑埋雷"，虽然解决了当时的问题，但为后续应对发展和

变化，留下后患；也可能会导致运维的工作量加大以及各类成本的增加。因此，数字系统的设计不仅要考虑当下既有的需求如何满足以及今后可能的变化，还要尽量兼顾数字技术发展可能激发新需求的出现，以及系统如何具备充分的可扩展性，以便满足将来新需求，容纳新功能。

基于以往信息系统建设开发的经验教训，结合数字技术的新发展和新特点，数字供应链系统的设计应该遵循以下五项原则：

第一，模块化。各功能如"积木"，可以随意组合并"即插即用"；方便快速升级迭代，功能模块可扩展，以适应不断变化的运行和管理需求。

第二，互控化。通过物联网、传感器、条码和射频标签及其他手段，系统可以实现人、机和网络的相互通信，满足系统之间操作指令的传输，以及数据汇聚和共享。

第三，可视化。各个功能都具有数据采撷汇聚的功能，同时通过传感器及其他装置对物理过程进行监控，获得的数据可以视频和音频方式直观展示。

第四，智能化。各功能具备自主决策能力和机器学习能力，能够识别例外场景并予以警示。

第五，服务化。在模块化构建系统的基础上，借助云计算和其他数字技术，系统各项功能可作为具有充分可及性的服务，支持"即插即用"的可扩展性。

5.3.2 数字供应链系统建设实操

上述设计原则，主要是基于技术层面的考虑。在数字系统的规划设计和研发建设的过程中，能否遵循"源于线下实践，高于线下实践"的实操路径，也将影响到数字化转型的成功。该实操路径，是我们对众多系统建设实践的经验教训进行总结并高度概括而得到的，暂且称之为"五步法"（见图 5-3）。

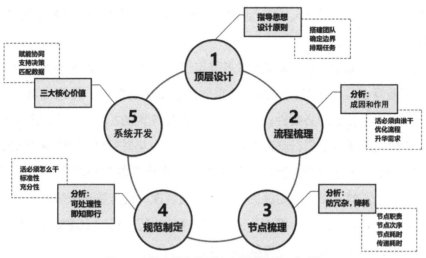

图 5-3 数字供应链系统建设实操"五步法"

第一步：顶层设计。顾名思义，这一步的主要任务是为数字供应链系统的规划建设，确立指导思想和设计原则。上文所述的指导思想和设计原则都是在这一步工作中必须梳理完成的，在具体实践中常常还包括建立领导小组以及相关团队、确定功能模块边界和开发任务排期。从实践经验来看，确定功能模块的边界并非易事。如上所述，系统服务于工作流程，但这只是指导原则，服务的实现有赖于相应的功能模块。由于流程是由关联度极高的各个节点构成，而节点大多是因工作分工而设定，工作分工又依照效率原则而设计，因此，节点往往对应着工作岗位。每一个工作岗位的职责范围与系统功能模块的边界，既要相对一致，又要能够灵活应对岗位职责范围可能发生的调整。这里需要管理团队确定岗位职责，又需要技术团队在架构上予以支持，共同商定功能模块的边界。正确的管理理念引领顶层设计和整体规划之重要性，由此可见一斑。如果把功能模块的边界当成纯粹的技术问题，由技术团队自行做主，那么建成的系统很可能与实际工作成为"两张皮"。

第二步：梳理流程。这是确保达成"源于线下实践，高于线下实践"的首要任务。具体做法是对现行的工作流程进行梳理，分析其成因以及在实际工作中的作用，然后进行优化并重新定义。这种定义，包括流程简化、调整、合并甚至取消，所依据的原则就是效率和效益。梳理并重新定义，其结果最能体现管理理念是否融入其中，也关系到数字系统能否"升华需求"，达成"高于线下实践"的期待。

第三步：梳理节点。流程由诸多节点组成，节点多半是因需而设立，所以，梳理节点是简化和优化流程的重要环节。所谓梳理，首先是重新审视节点在工作流程上的必要性；其次要考量节点与节点之间的关联关系是否合理，这种关系既有呈串行前后排序的场景，也有呈并行同步进行的场景；最后，也是最重要的，要检视每个节点在完成任务所需的时间以及费时的原因，对于费时过长的节点要筹划解决方案。所谓合理，就是要在依规和效率之间找到平衡，既要依照规则管控，又要快速高效执行。通过上述梳理分析制定解决方案，主要是为了防止流程的冗杂。

第四步：规范制定。从管理的角度看，梳理流程和节点并重新定义，本质上决定了团队之间、岗位之间的协同关系（即确定"活必须由谁干"），但协同的效率还有赖于作业是否规范和标准（即确定"活必须怎么干"），因为，只有依规协同，才是有效、有价值的协同。

需要特别说明的是，以上第二步至第四步紧密关联，在具体操作过程中必须综合考虑，不得"分而治之"。曾有这样一个案例：某大型集团通用物资采购，从需求汇总到供应商送货上门，最长时间达45天左右。在梳理采购流程时发现，首先是需求报送没有统一标准格式，需求报送人任意填写，导致信息不充分，信息项不完整，采购部必须有专人与需求部门反复核对需求信息；多位领导呈串行逐级审批，领导经常出差影响审批进度。这些都是内部协同效率低下的表现。咨询专家给出的解决方案是聚焦于压缩各个节点的费时，制定作业标准，即提报需求要统一格式，需求信息中，单项信息要充分精准，整体信息项要完整不缺，保证每一个节点接收到的信息具备"可处理性"；领导审批由串行的"逐级审批"，依照"责任"和"告知"的属性进行分类，将"责任"类保留"逐级"串行的方式，而"告知"类则改为同步平行的方式。同时，利用数字技术实现了移动办公，无论领导身处何处，随时随地都可以处理公务。

其实，每一个节点都是在"处理公务"，也都是在协同作业，相互之间，既要依规，又要高效。企业管理团队始终是在努力平衡"依规"和"高效"。

就上述案例而言，重点是制定"活必须怎么干"的作业标准，这是"规"，然后"规"入系统；同时数字系统支持每一个节点"即知即行"，也就是说，在接收信息的当时（即知），系统具备即时处理（即行）的功能。由此，依规协同和高效协同的平衡点就找到了，而数字系统为"高效协同"和"合规管控"的落地，提供了切实可行的路径。

第五步：系统开发。这一步关系到数字供应链系统的呈现和落地，其成功与否，取决于是否依照指导思想所制定的设计原则以及所实施的上述四步。系统的开发建设需要专业的技术，所以建设单位面临的问题是如何组建一支称职的团队，或者选择一个合格的服务商将建设任务外包。

对于所有企业而言，数字系统开发都不是一件容易的事情。大型企业尚有能力、有财力组建一支专门的技术团队，同时也有足够的开发任务，投入产出尚可平衡；而中小型企业，尤其是小型企业来说，供养一支专门的技术团队多半是心有余而力不足。

但是，未来已来，数字化转型已不仅仅是发展趋势，任何企业都不能漠视这一进程，只能积极应对。在数字供应链开发建设方面，业界也是多措并举。在众多数字化转型的路径中，前文介绍的"功能应用化，应用平台化"的第三方平台尤其受到中小企业的青睐。究其原因是第三方平台服务商，按照上述设计原则，通过大量的企业供应链实践调研，在充分了解企业供应链管理诉求的基础上，将所需的功能以积木的方式（微服务）构建数字系统。企业用户可以在平台上按需自主选用应用模块，各模块之间可以无缝对接，组合成一个完整适配的数字系统。这种模式为中小企业提供了一个"投入少、上线快"的数字系统建设解决方案。

对于大型企业而言，虽然有自己的专业技术团队，但是在全面实现数字化转型重任之前，引入"外援"也是常有的举措。这种"外援"通常是以技术开发任务外包的方式来实现。需要谨慎的是，要选择"志同道合"的外包服务商。这里的"志同"是指在管理理论上有相似的见解和认知，在管理实践上有类似的经历和领悟；"道合"则是要求服务商对供应链成因和运作模式有深刻的了解，在数字供应链开发服务的道路上有相匹配的成功案例。尤其需要提防的是那些只是拿技术术语说事而对供应链理论和实操知之甚少的服务商。已经有无数失败的案例表明，如果服务商只懂技术而不懂业务，往往会将系统开发置于进退维谷的境地。

数字供应链没有放之四海而皆准的具体评判标准，"适用即好"是人们普遍认可的衡量维度。综合以上实施路径，以及我们的实践经验，适用的数字供应链系统必须具备三大核心价值：一是赋能协同，二是支持决策，三是匹配数据。

众多成功的经验也告诉我们，数字供应链系统的构建，无论采用哪种方式，建设单位都必须"三思而后行"（见图5-4）。

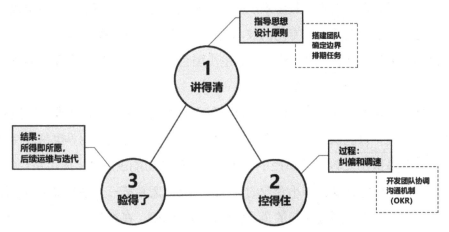

图5-4　数字供应链系统建设必须"三思而行"

一是"讲得清"，要在系统开发之前能讲清楚顶层设计。这个"讲"，并非建设单位独家的活，而是要和建设团队或服务商进行对话，并要求他们重述顶层设计思路，并就此提出实施方案。如果是选择外包，"讲"就是选择服务商的一个重要指标，这个指标衡量的是，作为乙方的服务商是否准确、全面理解甲方的需求，并有相应的解决方案予以满足。这一环节可以帮助排除那些只是炫耀技术而不结合管理理念和供应链实操业务讲方案的服务商，从而减少系统建设的隐患和风险。《人民日报》曾刊文指出："很多数字化转型项目在设计之初规划得相当完善，但实施之后效果不尽如人意，最大原因在于只注重技术本身，而没有深入到行业的生产决策系统中去、理解关键业务场景转型的需求。"[7]

二是"控得住"，要思考系统开发过程如何管控。这实质上是项目管理问题，也需要"谋定而后动"，建设方和开发团队必须就系统开发建设过程的管理方式和阶段性考核指标达成共识，尤其是双方之间职责分工和协同方式，都要在项目启动之前制定规则和方案，以便及时纠偏和调控进度。整个开发过程中发生的"调速纠偏"，包括功能的增减，都要完整记录在案，作为系统验收不可或缺的组成部分。成功的经验表明，类似数字系统开发项目宜采用 OKR（"目标与关键成果法"，因谷歌公司率先使用并将其发扬光大，故在业界又被称为"谷歌工作法"）。

三是"验得了"，即要思考系统开发之后如何交付和验收。这一环节应着重考虑如何保障后续的运维和迭代，这需要双方事先商定验收标准以及交付系统时所必须附带的文档。如果是选择外包，作为甲方的建设单位和乙方服务商必须就上述约定写入合同。

5.4　供应链数字化转型需要人才支撑

供应链和数字化愈是飞速发展，相关人才的匮乏愈加凸显。就供应链人才培养而言，2019 年有 7 所院校获批开设了供应链管理学科，2020 年获批的院校增加到 30 多家。据此推算，国内首批供应链专业的本科学生要到 2023 年才能毕业，这些毕业生走出校门之后能否"学以致用"，能否将供应链和数字化转型融为一体并成为数字供应链建设的中坚力量，尚有待时间去验证。但是，"远水救不了近火"，企业的数字化转型等不及也等不起，在实战中培养数字供应链人才，已经成为很多企业的共识并在实践中付诸实施。概括而言，可以说是"自己培养"和"培养自己"。就企业而言，不能等人才从天而降，要自己培养。就个人而言，要培养自己成为数字化人才。培养自己这一点对于企业领导和经营管理团队成员尤为重要，因为它关系到企业整体数字化发展的速度和成败。

随着数字化转型理念日渐普及，人们总结出来的重要经验之一，就是数字化转型是"一把手"项目：从经营战略到管理理念，从流程优化到作业标准，每一项决策都离不开领导层的参与，企业数字化转型是一项非领导重视而不可完成的工程。所以数字供应链的人才培养，也必须从领导抓起。企业领导人要重视数字供应链的建设，首先要了解供应链的成因和运作模式，尤其是要学会用供应链思维组织企业的经营生产。企业自诞生之日就处于供应链之中，企业经营本质上是对供应链的资源进行整合和配置，所谓"竞争存在于供应链和供应链之间"，说的就是企业整合和配置供应链资源能力的竞争。数字供应链"源于实践，高于实践"，这个"实践"，就是领导人整合和匹配供应链资源所造就的具体场景，如果这个实践场景本身就"高"，那么数字供应链就会"高上加高"；反之亦然。

企业的 CIO 或者负责信息化的领导，作为数字化转型的主要承担者和推动者，在这项工作中更是责无旁贷，要首当其冲、身先士卒，主动实现角色转型。在信息时代，信息团队在企业运营中扮演"辅助工"的角色；到了数字时代，数字化转型从根本上改变了企业经营方式和创造价值方式，技术团队将成为承载和驱动企业整体良好运营的中坚力量，IT 团队不再是"辅助工"，CIO 也要转型成为 CDO（首席数字官），并参与到从产品设计到经营管理的所有领域。

与传统业务不同，数字化转型往往更需要跨界人才。当下由于供应链受到前所未有的重视，各种挂名"供应链"甚至"数字化"的培训十分热闹。细观各种招式的培训内容，大多是关于采购业务的各种具体技能，其实和数字化并无多大关系，如果说有关系，可能就是取代和被取代的关系。

数字技术的发展和应用，将为各行各业传统的作业方式带来颠覆性的变化：农民插秧割稻正逐步被无人驾驶的插秧机、收割机取代；生产流水线上的工人正逐步或已经被数控机床、智能机器人所替代；高速公路的收费员已经被 ETC（电子不停车收费系统）取代；等等。类似的取代现象，正在以加速的方式推进，其结果是那些本来需要人、需要先培训后上岗的工作，都将被数字技术所取代。作为供应链运行中的一个环节，采购的很多工作技能，可能即将或正在被数字技术所取代，很显然，这些可能被数字技术取代的技能不学也罢。

中科院编写的《产业数字化转型：战略与实践》指出："数字化转型要求企业将信息技术集成到业务的所有领域"[8]。笔者认为："所有领域"具体来说大体分为四个，一是产品数字化，二是生产加工数字化，三是经营管理数字化，四是数据资源的汇聚和匹配利用。这四大领域相互关联，相辅相成。四大领域的数字化要统筹兼顾，本着"大处着眼，小处着手"的原则快速推进："大处着眼"是要有整体性的统筹规划，"小处着手"是选准突破点，先试点建立成功案例，然后以点成线，以线成面，选对突破口，不是领导层拍脑袋就能解决的，需要身处一线的员工参与。2020 年 7 月 21 日《人民日报》刊文《数字化转型呼唤"懂行人"》[7]，强调指出："要做到'懂行'，唯有切身参与，沉浸其中，才有能力将技术应用与业务需求相融合。"

从另一个角度讲，数字化转型不是企业内部几个"数字精英"的"独角戏"，更不能脱离业务进入"为数字化而数字化"的空转甚至"内卷"。数字化转型的有效推进，需要身处业务一线的员工积极参与。当下，企业都在一心打造创新能力。在数字时代，创新离不了数字技术。企业员工在一线岗位，他们才是真正"切身参与，沉浸其中"。要让企业员工主动参与到数字创新，我们亟需在企业培育数字文化。诚如 *Building Digital Culture*（《培育数字文化》）一书的前言所述：在（数字化的）发展背景中为企业的成功找准位置，意味着你必须将企业的条件调整到位。在此之中，培育数字文化是最为重要的。如果你还只是考虑如何"做"数字化，已经远远不够了，你本身就必须是一种数字化的"存在"[9]。

5.5　参考文献

[1]　CHRISTOPHER . Logistics and Supply Chain Management (Fourth Edition) [M]. London: Pearson Education Limited, 2011.

[2]　辛童 . 华为供应链 [M]. 杭州：浙江大学出版社，2019.

[3]　国办发〔2017〕84 号，国务院办公厅《关于积极推进供应链创新与应用的指导意见》.

[4]　数字化企业网 . 中国市场工业软件和服务企业名录 [EB/OL]. 2021.

[5] WEHBERG G G. Digital Supply Chains [M]. 3ed. London & New York: Taylor and Francis, 2021.

[6] BARLOWM. The Changing Role of the CIO [M]. Sebastopol: O'Reilly Media, 2013.

[7] 蔡英华. 数字化转型呼唤"懂行人" [N]. 人民日报，2020-07-21(5).

[8] 中国科学院科技战略咨询研究院课题组. 产业数字化转型：战略与实践 [M]. 北京：机械工业出版社，2020.

[9] ROWLESD, BROWNT. Building Digital Culture: a practical guide to successful digital transformation [M]. London: Kogan Page Limited, 2017: Foreword.

06

绿色供应链发展现状与趋势

中国物流与采购联合会

潘新英、赵洁玉

绿色供应链（Green Supply Chain）符合全球资源节约和环境保护的可持续发展要求，代表了未来供应链管理的发展趋势和方向。本章结合国内外可持续发展环境和经济形势，分析了绿色供应链发展的背景和现状，汇总了我国相关绿色供应链政策和标准，并对 2022 年我国绿色供应链发展趋势做出了预测。

6.1 绿色供应链基本概念

20 世纪 70 年代，绿色供应链概念诞生在美国，当时美国密歇根州立大学的制造研究协会在进行一项名为"对环境负责的制造"研究，初步提出绿色供应链的概念，基本特征是将环境因素的考量整合到供应链产品研发、设计、采购、制造、组装、包装、物流及回收等全生命周期中。对环境因素的考量包括环境保护和能源节约两方面，即企业在供应链管理中权衡资源利用最大化和环境污染最小化，在实现经济效益的同时，减轻供应链各个阶段对环境和资源的压力。因此，绿色供应链过去也被称为环境意识供应链（Environmentally Conscious Supply Chain，ECSC），强调减少对环境的影响。近些年，随着绿色发展理念深入人心，绿色发展已成为以效率、和谐、持续为目标的经济增长和社会发展方式。同时，绿色供应链在一定程度上等同于可持续供应链（Sustainable Supply Chain），强调经济效益、社会效益和环境效益的协调统一。

绿色供应链管理是将全生命周期管理、生产者责任衍生理念融入传统的供应链管理工作中，依托上下游企业间的供应关系，以核心企业为支点，通过绿色供应商管理、绿色采购等工作，推动链上企业持续提升环境绩效，进而扩大绿色产品供给。绿色供应链管理的内容涉及供应链的各个环节，主要包括绿色设计、绿色生产、绿色采购、绿色物流等，如图 6-1 所示。

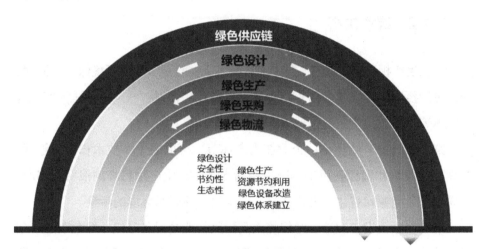

图 6-1　绿色供应链的内容

6.1.1　绿色设计

绿色设计又称为生态设计、环境设计。作为绿色供应链管理考核指标之一，产品设计阶段既要考虑能源的消耗和有害物质的排放，又要使产品及零部件能够方便地分类回收及循环再利用。绿色设计有三个特征。

第一，安全性。产品外观设计不能危及使用者的安全，这是对产品设计的基本要求。另外，原材料成分对使用者是安全的，要符合相关法律法规的规定，比如欧盟在 2002 年 11 月颁布的《关于在电子电气设备中限制使用某些有害物质指令》（ROHS），对电子电器设备中有害物质的含量做了严格要求。

第二，节约性。在设计阶段应简化设计，减少材料的使用或使用可循环可再生的原材料，避免过渡设计和材料浪费。

第三，生态性。在绿色设计阶段，要充分考虑产品整个生命周期对环境的影响，应遵循"从摇篮到摇篮"的可循环设计，努力避免因设计不当和选材失误而造成的环境污染和破坏。

6.1.2　绿色生产

绿色生产相比常规生产，更注重生产环节中能源节约和环境保护。同时，绿色生产要避免对人体的伤害，比如设备或产品辐射、噪声、不适温度或有害气体等。绿色生产主要包括以下三方面。

第一，资源节约利用。企业在生产环节，可以通过新技术和精益管理，提高生产效率和资源利用率，减少包括水、电、生产物料等的浪费。同时，可通过绿色能源代替化石燃料，减少碳排放，降低对环境的污染。

第二，绿色设备改造。对传统或高污染行业的设备升级、绿色改造，包括钢铁业、化工业、建材及造纸行业等。通过技术革新或绿色设备引入，降低废水、废料及有害物质的排放。

第三，绿色体系建立。要大力支持企业构建绿色体系，开发绿色产品，推行生态设计，提升产品节能环保低碳水平。要引导绿色生产，建设绿色工厂，实现厂房集约化、原料无害化、生产洁净化、废物资源化、能源低碳化。

6.1.3　绿色采购

企业在采购生产过程中使用的原材料、零部件，以及制造过程中使用的辅助材料和工具等，要尽可能考虑减少对环境的影响。同时，积极地与供应商开展环境保护方面的合作也是不可或缺的。

6.1.4　绿色物流

包括绿色运输、绿色仓储、绿色包装、绿色装卸和绿色回收等企业在销售过程中，在充分满足消费需求、争取适度利润和发展水平的同时，要能确保消费者的安全和健康，遵循在商品的售前、售中、售后服务过程中注重环境保护的资源节约的原则这个过程。

6.2　绿色供应链发展背景与现状

6.2.1　国内外绿色供应链发展背景

当前，全球气候变化、环境污染、资源匮乏等是人类面临的共同挑战。1987 年，世界环境与发展委员会提出"既满足现代人的需求，也不损害后代人满足需求的能力"可持续发展理念。从 1990 年联合国政府间气候变化专门委员会（Intergovernmental Panel on Climate Change，IPCC）第一次评估报告到 2021 年第六次评估报告，科学界对气候变化问题的认识不断深化，更加确认了人类活动对环境的干扰作用。2015 年联合国可持续发展峰会正式通过了覆盖清洁能源、负责任的生产和消费、环保与节约行动等 17 个可持续发展目标（Sustainable Development Goals）。同年，巴黎气候大会通过《巴黎协定》，提出到本世纪末（2100 年），全球平均温度上升幅度控制在不超过工业革命时期（1850—1900 年）2℃之内，并力争不超过 1.5℃，而 2010—2020 年全球地表温度比起工业革命时期，已上升 1.09℃。为应对气候变化，IPCC《全球 1.5℃增暖特别报告》（*Special Report on Global Warming of 1.5℃*）给出要求，全球碳排放应在 2020—2030 年尽早达峰。截至 2021 年年底，全球共有近 130 个国家和地区设定了碳中和目标，并形成能源低碳转型和资源高效利用的国际共识。

中国是全球气候变化的敏感区和影响显著区，升温速率明显高于同期全球平均水平。1951—2020 年，中国地表年平均气温升温速率为（0.26℃/10 年），显著高于全球升温速率（0.12℃/10 年）。自 2009 年以来，极端高温事件明显增多，中国台风的平均强度波动增强。中国气候风险指数呈升高趋势，2020 年中国气候风险指数为 1961 年以来第三高值。

6.2.2 国内外绿色供应链发展现状

1. 政策保障，推进绿色供应链发展

在全球环境保护、资源节约目标大背景下，欧盟、北美等发达国家相继发布关于可持续供应链的相关政策要求，持续推动供应链责任改善。例如 2020 年，美国提出"清洁能源革命和环境正义计划"，提出确保美国实现 100% 的清洁能源经济并在 2050 年之前达到净零碳排放，其中具体行动中指出美国要求上市公司披露其运营和供应链中的二氧化碳、有毒气体排放情况及废弃物和资源回收的行动方案等。2020 年 12 月，欧盟通过《欧洲气候法案》，提出 2030 年，欧盟减排目标从目前的 40% 提高到 55%，到 2050 年实现温室气体净零排放的目标。在此目标下，一些欧盟国家也发布了相应政策，比如英国颁布的《加强英国制造业供应链政府和产业行动计划》，将绿色供应链提升到国家战略高度。欧盟将以构建清洁、经济、安全的能源供应体系，推动工业企业清洁化、循环化改造，形成资源能源高效利用的建筑改造方式等七项重点任务为抓手，结合绿色投融资、绿色财政、绿色技术和人才等一系列支持政策，进而推动和支持绿色供应链的全球发展。

中国政府也发布了一系列能源节约和环境保护的纲要政策。比如，中国政府在 2006 年发布的《中华人民共和国国民经济和社会发展第十一个五年规划纲要》中，第一次将能源消耗强度降低和主要污染物排放总量减少作为国民经济和社会发展的约束性指标，通过关闭污染重、能耗高的小企业，推动绿色节能技术进步等一系列行动。2006 年以来，中国在每个五年规划中

均会提出明确的应对气候变化约束性指标（表 6-1），进而指导各地方政府、各行业企业。2015 年 5 月国务院印发的《中国制造 2025》，首次提出要打造绿色供应链，推进绿色制造体系构建。之后工信部、商务部、财政部、生态环境部等陆续出台相关配套文件支持建立绿色供应链管理体系，推进绿色供应链发展（表 6-2）。

表 6-1　中国应对气候变化约束性指标

五年规划	能源强度下降率 /%	碳排放强度下降率 /%	能源消费总量 / 亿吨标准煤	非化石能源比重 /%	风电、太阳能发电总装机容量 / 亿千瓦	备注
"十一五"（2006—2010）	"2005"（-20）-19.1	"2005"（-）-14.8	—	—	—	设定能源强度目标
"十二五"（2011—2015）	"2010"（-16）-17.8	"2010"（-17）-26	—	（11.4）12	—	设定二氧化碳强度目标
"十三五"（2016—2020）	"2015"（-15）-13.8	"2015"（-18）-22	（50）49.7	（15.4）15.9	—5.3	提出能耗总量和能源强度双控目标；设定二氧化碳强度目标
"十四五"（2021—2025）	"2020"（-13.5）	"2020"（-18）	—	—	—	提出双碳目标
2030	—	"2005"（-65）	—	（25）	（12）	

表 6-2　中国绿色供应链相关政策

编号	日期机构	政策名称	发布字号	主要内容
1	2014.12 商务部、环保部、工信部	商务部 环保部 工信部关于印发《企业绿色采购指南（试行）》的通知	商流通函（2014）973 号	本指南所称绿色采购，是指企业在采购活动中，推广绿色低碳理念，充分考虑环境保护、资源节约、安全健康、循环低碳和回收促进，优先采购和使用节能、节水、节材等有利于环境保护的原材料、产品和服务的行为。本指南将促进绿色流通和可持续发展，引导企业积极构建绿色供应链，实施绿色采购
2	2015.05 国务院	中国制造 2025	国发〔2015〕28 号	积极构建绿色制造体系。打造绿色供应链，加快建立以资源节约、环境友好为导向的采购、生产、营销、回收及物流体系，落实生产者责任延伸制度

编号	日期机构	政策名称	发布字号	主要内容
3	2016.06 工信部	工业绿色发展规划（2016-2020年）	工信部规〔2016〕225号	建立绿色供应链。以汽车、电子电器、通信、机械、大型成套装备等行业的龙头企业为依托，以绿色供应链标准和生产者责任延伸制度为支撑，带动上游零部件或元器件供应商和下游回收处理企业，构建以资源节约、环境友好为导向，涵盖采购、生产、营销、回收、物流等环节的绿色供应链。绿色供应链示范。以供应链核心企业为抓手，开展试点示范，实施绿色采购，推行生产者责任延伸制度，在信息通信、汽车、家电、纺织等行业培育百家绿色供应链示范企业
4	2016.09 工信部、国标委	绿色制造标准体系建设指南	工信部联节〔2016〕304号	明确要在绿色供应链构建、绿色采购、绿色营销、绿色物流及仓储、回收及综合利用等方面建立标准体系
5	2016.09 工信部	绿色制造工程实施指南（2016-2020年）		同工信部规〔2016〕225号，打造绿色供应链，积极应用物联网、大数据和云计算等信息技术，建立绿色供应链管理体系。完善采购、供应商、物流等绿色供应链规范，开展绿色供应链管理试点
6	2016.09 工信部	关于开展绿色制造体系建设的通知	工信厅节函〔2016〕586号	该文件以企业为建设主体，以第三方评价机制和标准体系为基础，制定了绿色供应链等三项绿色制造体系的评价内容（绿色供应链企业评价要求）、评价流程和保障措施
7	2017.06 财政部、工信部	关于组织开展绿色制造系统集成工作的通知	财建〔2016〕797号	提出绿色供应链系统构建重点任务，支持企业与供应商、物流商、销售商、终端用户等组成联合体，围绕采购、生产、销售、物流、使用等重点环节，制定一批绿色供应链标准，应用模块化、集成化、智能化的绿色产品和装备，联合企业共同应用全生命周期资源环境数据收集、分析及评价系统，建设上下游企业间信息共享、传递及披露平台等，形成典型行业绿色供应链管理模式和实施路径
8	2017.10 国务院	关于积极推进供应链创新与应用的指导意见	国办发〔2017〕84号	首次以国务院办公厅名义发布的有关供应链的专题政策，将供应链的创新与应用上升为国家战略。提出大力倡导绿色制造、积极推行绿色流通，建立逆向物流体系，打造全过程、全链条、全环节的绿色供应链发展体系

续表

编号	日期机构	政策名称	发布字号	主要内容
9	2018.04 商务部、工信部、生态环境部等8单位	关于开展供应链创新与应用试点的通知	商建函〔2018〕142号	指出要发展全过程全环节的绿色供应链体系。推动深化政府绿色采购,行政机关和使用财政资金的其他组织应当优先采购和使用节能、节水、节材等环保产品、设备和设施,并建立相应的考核体系。研究制定重点产业企业绿色供应链构建指南,建立健全环保信用评价、信息强制性披露等制度,依法依规公开供应链全环节的环境违法信息
10	2018.05 工信部、财政部	关于发布2018年工业转型升级资金工作指南的通知	工信厅联规〔2018〕36号	根据（财建〔2016〕797号）要求,重点在机械、电子、化工、食品、纺织、家电、大型成套装备等行业,围绕绿色设计平台建设、绿色关键工艺突破、绿色供应链系统构建三个方向,推进绿色制造系统集成工作
11	2019.01 工信部	中华人民共和国工业和信息化部公告	2019年第4号	制定并公布《机械行业绿色供应链管理企业评价指标体系》《汽车行业绿色供应链管理企业评价指标体系》和《电子电器行业绿色供应链管理企业评价指标体系》
12	2019.02 国家发改委、工信部等24部门	关于推动物流高质量发展促进形成强大国内市场的意见	发改经贸〔2019〕352号	以绿色物流为突破口,带动上下游企业发展绿色供应链,使用绿色包材,推广循环包装,减少过度包装和二次包装,推行实施货物包装和物流器具绿色化、减量化
13	2020.12 国务院	关于加快推进快递包装绿色转型意见的通知	国办函〔2020〕115号	提出要推行绿色供应链管理,推动相关企业建立快递包装产品合格供应商制度,鼓励包装生产、电商、快递等企业形成产业联盟,扩大合格供应商包装产品采购和使用比例。快递企业总部要加强对分支机构、加盟企业的管理。此外,要推进可循环快递包装应用,规范快递包装废弃物回收和处置等
14	2021.02 国务院	关于加快建立健全绿色低碳循环发展经济体系的指导意见	国发〔2021〕4号	构建绿色供应链。鼓励企业开展绿色设计、选择绿色材料、实施绿色采购、打造绿色制造工艺、推行绿色包装、开展绿色运输、做好废弃产品回收处理,实现产品全周期的绿色环保。选择100家左右积极性高、社会影响大、带动作用强的企业开展绿色供应链试点,探索建立绿色供应链制度体系。鼓励行业协会通过制定规范、咨询服务、行业自律等方式提高行业供应链绿色化水平

续表

编号	日期机构	政策名称	发布字号	主要内容
15	2021.03 商务部等 8 单位	关于开展全国供应链创新与应用示范创建工作的通知	商流通函〔2021〕113 号	推动供应链绿色发展。推动企业环境和碳排放信息公开，引导督促企业选择绿色供应商，实施绿色采购，针对重点行业积极打造绿色供应链；提高仓储物流设备自动化、智能化建设水平，优化仓储作业流程，合理调度运输车辆，优化路径，减少车辆空载，推广共同配送、单元化载具循环共用等运作模式，推动物流链降本增效；推广利用绿色包装，提高绿色商品销售比例，主动宣传绿色消费理念，引领绿色消费新风尚
16	2021.05 商务部等 8 单位	关于第一批全国供应链创新与应用示范城市和示范企业评审结果的公示		北京、上海、张家港、杭州、宁波、中国（福建）自由贸易试验区厦门片区、青岛、武汉、广州、深圳十个城市入选第一批全国供应链创新与应用示范城市；宝供物流、京东、传化智联、海尔卡奥斯、汇通达、南京医药、怡亚通、江苏物润船联等 100 家企业入选第一批供应链创新与应用示范企业名单

2020 年 9 月 22 日，习近平总书记在第七十五届联合国大会一般性辩论上发言指出，中国将提高国家自主贡献力度，采取更加有力的政策和措施，二氧化碳排放力争于 2030 年前达到峰值，努力争取 2060 年前实现碳中和。2021 年，习近平总书记在第七十六届联合国大会一般性辩论上发言指出，中国将全力以赴力争实现碳达峰、碳中和目标，不再新建境外煤电项目。总体来讲，"双碳"目标开启了中国经济社会各方面的绿色变革帷幕。

在"双碳"目标提出后，2021 年 9 月，中共中央、国务院印发的《关于完整准确全面贯彻新发展理念做好碳达峰碳中和工作的意见》（中发〔2021〕36 号）提出，实现碳达峰、碳中和目标，要坚持"全国统筹、节约优先、双轮驱动、内外畅通、防范风险"原则，构建碳达峰、碳中和"1+N"政策体系，其中"1"就是发挥统领作用的顶层设计指导意见；"N"就是各行业、各领域分别的政策措施。

2021 年，国务院发布的《关于加快建立健全绿色低碳循环发展经济体系的指导意见》（国发〔2021〕4号）将构建绿色供应链纳入健全绿色低碳循环发展经济体系的重要内容。绿色供应链相关政策的密集出台为绿色供应链发展提供重要的支撑。

2. 标准支持，规范绿色供应链发展

当前绿色供应链标准主要集中在制造企业绿色供应链管理的导则、信息化管理平台规范、评价规范、采购控制、物料清单要求，明确各自目的、范围、总体要求等（见表6-3），特别是在家用电器、纺织、石油和化工行业进行了细分研究。2021年12月国务院发布的《国家标准化发展纲要》指出，要不断完善绿色供应链相关标准。

表6-3　绿色供应链相关标准

编号	发布日期 起草单位	标准名称	标准编号	主要内容
1	2017.05 中机生产力促进中心	绿色制造 制造企业 绿色供应链 管理 导则	GB/T 33635—2017	本标准规定了制造企业绿色供应链管理的目的、范围、总体要求以及产品生命周期绿色供应链的策划、实施与控制要求。 本标准适用于制造企业绿色供应链管理，其他组织的绿色采购及绿色供应链管理可参照采用
2	2020.11 中机生产力促进中心	绿色制造 制造企业 绿色供应链 管理 信息化 管理平台 规范	GB/T 39256—2020	本标准规定了制造企业绿色供应链信息化管理平台的目的、范围、基本要求、总体架构、功能要求和运行及改进要求。 本标准适用于制造企业绿色供应链信息化管理平台的设计、开发、实施及运行维护，其他组织的绿色供应链信息化管理平台可参照采用
3	2020.11 中机生产力促进中心	绿色制造 制造企业 绿色供应链 管理 评价 规范	GB/T 39257—2020	本标准规定了制造企业绿色供应链管理评价的目的和范围、企业基本要求、评价原则及要求、评价流程及评价报告要求。 本标准适用于制造企业绿色供应链管理的评价和改进，可用于企业自我评价、第二方（相关方）评价或第三方组织评价

续表

编号	发布日期 起草单位	标准名称	标准编号	主要内容
4	2020.11 中机 生产力促进 中心	绿色制造 制造企业 绿色供应链 管理 采购 控制	GB/T 39258— 2020	本标准规定了制造企业绿色供应链管理 采购控制的目的、范围、总体要求和具 体控制要求等。 本标准适用于制造企业绿色采购管理， 其他组织的绿色采购可参照采用
5	2020.11 中机 生产力促进 中心	绿色制造 制造企业 绿色供应链 管理 物料 清单要求	GB/T 39259— 2020	本标准规定了制造企业绿色供应链管理物 流清单总体要求、范围、绿色属性识别与 核查、重点管控物料清单及管理要求。 本标准适用于制造企业绿色供应链管理
6	2016.06 天津 市标准化 研究院	绿色供应链 管理体系 要求	DB12/T 632— 2016	—
7	2016.09 天津 市标准化 研究院	绿色供应链 管理体系 实施指南	DB12/T 662— 2016	—
8	2020.04 山东 如意科技集 团有限公司	纺织行业 绿色供应链 管理企业 评价指标 体系	FZ/T 07005— 2020	—
9	2020.12 中国 家用电器 研究院	家用电器 绿色供应链 管理 第1 部分：通则	QB/T 5501.1— 2020	—
10	2020.12 中国 家用电器 研究院	家用电器 绿色供应链 管理 第2 部分：采购	QB/T 5501.2— 2020	—
11	2020.12 中国 家用电器 研究院	家用电器 绿色供应链 管理 第3 部分：物流 与仓储	QB/T 5501.3— 2020	—

续表

编号	发布日期 起草单位	标准名称	标准编号	主要内容
12	2020.12 中国 家用电器研 究院	家用电器 绿色供应链 管理　第 4 部分：销售 与售后服务	QB/T 5501.4— 2020	—
13	2020.12 中国 家用电器 研究院利用	家用电器 绿色供应链 管理　第 5 部分：回收 与综合	QB/T 5501.5— 2020	—
14	2021.05 中国 石油和化学 工业联合会 供应链工作 委员会	石油和化工 行业绿色供 应链管理 导则	HG/T 5905—2021	—
15	2021.05 上海 市质量监督 检验技术 研究院	纺织产品 绿色供应链 管理与评价 导则	DB31/T 1304— 2021	—
16	正在批准 中国电子 技术标准化 研究院	电子信息 制造企业 绿色供应链 管理规范	20202950-T-469	—
17	正在起草 中机生产力 促进中心	绿色制造 制造企业 绿色供应链 管理　实施 指南	20204978-T-469	—
18	正在起草 中机生产力 促进中心	绿色制造 制造企业 绿色供应链 管理　逆向 物流	20214193-T-469	—

3. 各市场主体推动绿色供应链发展

在全球应对资源节约、气候变化的大背景下，供应链各大市场主体通过不同方式推动绿色可循环发展，进而推动市场绿色转型升级，具体体现在三个方面：一是发挥政府引导监督作用，探索促进绿色供应链管理的保障体系，塑造可持续价值观，践行绿色采购，倡导绿色消费；二是激发市场动力，探索建立绿色供应链认证和市场服务体系，推动标准国际互认和绿色贸易，比如国内外企业机构推行 ESG（Environmental、Social and Governance，环境、社会、公司治理）评价标准体系；三是开展实施绿色供应链管理试点，比如在全国上下游生态工业园区及新兴物流中心区建立绿色可循环供应链管理体系。此外，根据高德纳（Gartner）公司发布的全球供应链大师和全球供应链 TOP25 来看，大多数供应链管理优势企业均积极推动了合作供应商的绿色供应链发展，例如，联想将通过数字化、智能化打造绿色供应链管理体系，引导和带动整个产业链上下游共同实现"绿色供应链、低碳转型"，实现 2025/2026 财年，减少供应链温室气体排放100 万吨的目标；华为也提出到 2025 年，单位销售收入碳排放量相较于2019 年下降 16%，华为 TOP100 供应商设定并落实碳排放目标。

6.3 中国绿色供应链发展趋势

6.3.1 跨行业融合形成绿色经济市场，促进绿色供应链发展

根据国务院《关于加快建立健全绿色低碳循环发展经济体系的指导意见》（国发〔2021〕4 号），构建全行业绿色供应链体系成为绿色低碳循环发展的方向。除此之外，绿色金融、绿色物流、节能环保、回收处理、绿色市场交易机制等各领域也都在围绕绿色低碳循环发展经济体系开展相关工作。绿色金融是指为支持环境改善、应对气候变化和资源节约高效利用所提供的金融服务，包括绿色信贷、绿色融资、绿色债券等。2021 年 4 月，中国人民银行、

发展改革委、证监会《关于印发〈绿色债券支持项目目录（2021 年版）〉的通知》（银发〔2021〕96 号），涵盖绿色供应链、环境权益交易服务、技术产品认证和推广服务等。同时，国家也会进一步健全排污权、用能权、用水权、碳排放权等交易机制，做好绿色权属交易与相关目标指标的对接协调。此外，国家也在积极加强人才培养与配套机制，2021 年 3 月，人力资源和社会保障部、国家市场监督管理总局、国家统计局发布了"碳排放管理员"新职业，这是本次发布的 18 项新职业中唯一一项"绿色职业"。未来，各行业围绕绿色可持续经济体系建设，共同发力，协作发展，将成为今后一段时间绿色供应链发展的方向。

6.3.2　企业发展动力由政策驱动转向主动布局

随着经济发展，社会对绿色可持续发展的认识也在不断转变，对环境成本内部化、履行企业社会责任的认可度不断增强。以往绿色发展和环境保护的政策偏向于污染物排放标准、能耗限额和能效标准等，企业开展绿色工作主要为满足政策要求从而达到市场环保准入门槛。随着政府对绿色发展的引导与激励政策增多、市场对绿色发展的要求提高，企业为提高市场竞争力，逐渐将绿色发展作为企业发展战略进行主动布局，主要体现在以下两个方面。

1. 企业主动布局，提高市场竞争力

随着我国生态文明建设和绿色低碳循环发展的持续推进，政府出台了很多激励政策引导企业绿色高质量发展，例如 2020 年 4 月，财政部等 3 部门《关于延续西部大开发企业所得税政策的公告》（〔2020〕第 23 号）提出，自 2021 年 1 月 1 日至 2030 年 12 月 31 日，对设在西部地区的鼓励类产业企业，按 15% 的税率征收企业所得税，这里提及的鼓励类产业主要指符合《西部地区鼓励类产业目录》和《产业结构调整指导目录（2019 年本）》的产业，其中涉及多项绿色产品与装备、绿色生产工艺、绿色技术

等方面内容。绿色可持续发展追求的是经济效益、环境效益和社会效益的统一，其代表先进的技术与管理模式的应用，例如随着排污权、用能权、用水权、碳排放权等交易机制的推动，环境权属已作为企业的资产内容。因此企业将加强绿色供应链管理作为发展战略布局和挖掘新利润增长点的重要内容。

2. 企业主动布局，推动绿色供应链转型

在全球应对气候变化大背景下，国内外企业积极行动，提出碳减排目标（图6-2）和绿色可持续发展规划，并在采购、招投标、合作商管理等市场活动中积极落实绿色行动，除对环保合规有要求外，对节能、节水、节地、节材均提出明确要求，比如，在2021年，"中国房地产行业绿色供应链行动"项目推出首批具有行业引领性的"绿名单"，对环境绩效表现优异的"绿名单"企业进行优先采购。此类企业行动推动了企业及企业间的绿色供应链转型。此外，贸易企业主动布局建立完善的绿色供应链体系，将绿色管理理念下沉到供应链上下游各个环节中去，可以有效应对国际绿色贸易壁垒。

图6-2 提出碳减排目标的企业（部分）

综上所述，不论是企业自身发展制定战略布局，还是迎合市场需求、提高企业美誉度和市场竞争力，积极推动绿色供应链发展都是企业将来发展的重要方向。

6.3.3　发展模式不断创新，由单一走向多元

中国绿色供应链发展起步稍晚，最初是以绿色采购为主，之后绿色供应链逐渐形成以绿色采购、绿色生产、绿色销售、绿色物流、绿色回收体系为主体，绿色供应链管理、绿色供应商管理、绿色信息平台建设、绿色信息披露协同构建的系统性发展体系。在国家高质量发展和双碳背景下，社会对企业绿色供应链不再只是强调通过应用先进技术设备和管理模式实现节能、节地、节水、节材和减少对环境的污染，也强调要完善标准计量器具、提升统计监测能力、积极融入市场化机制建设，充分利用绿色金融、财税价格和投融资政策支持，形成绿色供应链发展的循环可持续市场化机制。2021 年 10 月，《国务院关于印发 2030 年前碳达峰行动方案的通知》（国发〔2021〕23 号）提出贯穿于经济社会发展全过程和各方面的"碳达峰十大行动"，该通知将为指导绿色供应链多元化发展、与其他领域重点任务融合协调发展提供重要依据。

6.3.4　绿色发展信息由封闭走向透明

随着人民对美好生活的关注与向往、国家对行业绿色发展的引导与规范、企业对利益相关方绿色发展的需求与合作，社会对绿色供应链发展信息公开提出更多需求，进而保障其真实性和可靠性。根据商务部等 8 单位《关于开展供应链创新与应用试点的通知》（商建函〔2018〕142 号）的要求，要"建立健全环保信用评价、信息强制性披露等制度，依法依规公开供应链全环节的环境违法信息"；要推动企业环境和碳排放信息公开，引导督促企业选择绿色供应商，实施绿色采购等。2021 年，公众环境研究中心发布绿色供应链 CITI（Corporate Information Transparency Index，企业信息透明度指数）和 CATI（Climate Action Transparency Index，气候行动透明度指数），CITI

指数是全球首个基于品牌在华供应链环境管理表现而制订的量化评价体系，评价指标涵盖透明与沟通、合规性与整改行动、延伸绿色供应链、节能减排和推动公众绿色选择 5 个方面；CATI 指数是从治理机制、测算披露、目标与绩效和减排行动 4 个维度对企业在气候治理方面的行动开展动态评价，覆盖石化、电力、钢铁、建材、汽车零部件、光伏产业等 30 个行业 662 家企业，其中 78% 披露范围一和范围二的温室气体排放。此外，各证券交易所要求或鼓励在其上市的企业披露信息。总之，在社会各主体对绿色发展、环境保护的高度关注和信息公开需求下，结合国家关于环保信用评价、企业环境和碳排放信息公开的要求，绿色供应链相关信息将向可测量、可核实、可监督、动态透明方向发展。

6.3.5　数字化、智能化助力绿色供应链发展

数字化、智能化是现代信息化技术的重要应用体现，有助于提高供应链运营效率，降低单位业务能源资源消耗量和碳排放量，因此数字化、智能化是企业绿色供应链发展的重要方向。当前，我国大力推动数字化、智能化信息平台的发展，比如云计算、大数据、物联网、工业互联网、区块链、人工智能、虚拟现实和增强现实数字经济重点产业等。企业利用数字化技术改变供应链管理模式，建立绿色产业链供应链集群，为上下游企业同时也为企业本身创造价值效益。

6.4　参考文献

[1]　朱庆华，赵清华 . 绿色供应链管理及其绩效评价研究述评 [R]. 大连：大连理工大学，2005.

[2]　张荣杰、张健 . 可持续供应链管理研究现状综述 [D]. 北京：北京信息科技大学，2012.

[3]　唐丁丁，路塔，周国梅，等 . 绿色供应链的实践与创新 [R]. 中国环境与发展国际合

作委员会，2011.

[4]　德勤 . 重塑供应链的可持续性，形成新型核心竞争力 [EB/OL]. 2020[2022-03-10].

[5]　刘国伟 . 绿色供应链串起六个环 [EB/OL]. 2017-04[2022-03-10].

[6]　德勤 . 德勤 MHI 全球数字化供应链 2020 年度行业报告 拥抱数字化思维：在数字化
　　 供应链中连接数据、人才与技术 [R]. 美国：德勤 MHI，2020.

行业应用

07

电力行业数字供应链转型研究与建议

南方电网能源发展研究院有限责任公司

夏振来、徐璐杨、胡勇、杨丽、邹儒懿、雷兵本章开展了国家政策文件、数字供应链理论、行业内企业案例、电力行业供应链管理现状和问题的分析研究，在上述工作基础上提出改善电力行业供应链管理的建议。坚定不移地将保障生产经营作为电力供应链管理的核心目标，积极发挥供应链管理的价值创造作用，构建具有电力行业特色的供应链管理架构和服务管理体系，深化电力供应链标准化、集约化、专业化和平台型建设，对上下游企业积极向平台服务型供应链拓展，打造电力供应链生态圈，不断提升供应链数字化管理水平，为构建新型电力系统、推动碳达峰碳中和提供坚强支撑。

7.1　政策分析

习近平总书记在党的十九大报告中指出，要深化供给侧结构性改革，加快在中高端消费、创新引领、绿色低碳、共享经济、现代供应链、人力资本服务等领域培育新增长点、形成新动能。2021 年，国家各部委陆续出台多项指导文件，大力支持、鼓励和推动供应链创新。

2020 年 5 月，习近平总书记提出"逐步形成以国内大循环为主体、国内国际双循环相互促进的新发展格局"，对畅通供需循环、产业循环、区域循环、要素循环提出新要求。

2020 年，习近平总书记宣布中国将力争 2030 年前实现碳达峰，2060 年前实现碳中和，为能源电力企业发展指明了方向。党的十九届五中全会进一步明确要"提升产业链供应链现代化水平"。

2021 年，商务部等八单位印发《关于开展全国供应链创新与应用示范创建工作的通知》，包括 10 个试点城市和 94 家试点企业，其中国家电网公司、南方电网公司、中国电力建设集团三家电力央企在列。要求力争用 5 年时间培育一批全国供应链创新与应用示范城市和示范企业，促进供应链协同化、标准化、数字化、绿色化、全球化发展，着力构建产供销有机衔接和内外贸有效贯通的现代供应链体系，巩固提升全球供应链地位，推动经济高质量发展。

从党中央、国务院对现代供应链的部署要求，以及国家各项支持政策文件看，现代供应链已在国家层面提升到前所未有的高度，是国家培育新增长点、形成新动能、推进我国经济转型升级的重要领域，是落实新发展理念的重要举措，是供给侧结构性改革的重要抓手，是"一带一路"建设和形成全面开放新格局的重要载体。电力作为经济社会基础行业，电力供应链对构建新发展格局具有现实意义，应抓住当前政策机遇，加快推动供应链数字化转型发展。

7.2　电力行业数字供应链特征分析

随着以新兴数字技术为代表的第四次工业革命向经济社会各领域全面渗透，现代供应链已发展到与互联网、物联网深度融合的数字供应链新阶段。电力行业数字供应链，是以客户需求为导向，以提升质量、效率和效益为目标，以资源整合和新技术应用为手段，通过全链条透明、即时、可视、协同和高度集成管理，实现电力行业高效运营和智慧决策的现代供应链体系。电力行业数字供应链具有以下显著特征：计划、透明、实时、协同、智慧。

7.2.1　计划是实现电力数字供应链的要诀

数字供应链通过数字化技术提前对未来需求进行深入理解和感知，实现从描述需求到预测需求的转型，确保供应链各环节都在一个共同关联的计划体系下运营，以计划驱动供应链运营协作，实现供需精准匹配，有效提升电力供应链整体运营效能。

7.2.2 电力数字供应链强调端到端的透明可视

数字化技术能够为电力行业勾勒出清晰透明的供应体系全景图，通过数据指标实现供应链流程可视化，识别出关键供应路径；同时，通过可视化技术对库存、产能、质量等信息进行全时全方位监控，实现端对端的主动风险管理。

7.2.3 实时是电力数字供应链区别于传统供应链的重要特征

数字化供应链通过大数据、物联网、数字化协同平台，最大化利用各种来源的实时数据，识别并跟踪供应链各环节上的实时动态，实现在任何设备、时间、地点内的实时信息获取与交换，监测供应链全链条的健康运行状况，并对此做出快速及时的响应，从而驱动电力供应链动态调整与优化。

7.2.4 协同是电力数字供应链的核心思想

电力数字供应链对行业上下游资源进行整体、动态的优化配置，建立更畅通的数据交流共享渠道，突破组织边界和地理限制，将协同衍生到新的领域，如质量管理、采购、库存管理、绩效管理等，实现供应链全链条协同高效。

7.2.5 智慧是电力数字供应链的关键

与传统电力供应链相比，电力数字供应链能够通过各类数据的接入、存储和治理，结合人工智能、机器学习等新技术，使用海量数据进行自我学习，实现自动化业务分析、智能风险预判等功能，推动电力供应链业务自动化、

智慧化，为行业各个主体提供决策参考。

未来，云计算、物联网、大数据等技术全面应用，将不断推进电力供应链数字化。供应链的"链状"模型将被颠覆，供应链的运营将从"链式"变成"网状"，构建以计划为统筹，具有透明、实时、协同、智慧等特征的电力数字供应链，将使得电力行业在复杂的网络结构中把握最优发展路径，创造出比以往更深层的价值。

7.3 电力供应链环境分析

"十四五"时期，外部环境的不稳定因素增多，电力行业供应链体系建设面临更大的挑战。同时，党中央、国务院高度重视产业链、供应链的发展，为供应链发展注入了强大动力，电力行业数字供应链发展处于大有作为的战略机遇期。

7.3.1 宏观形势变化对电力供应链安全稳定运行提出新挑战

从国际形势看，国家之间竞争在某种程度上讲就是供应链竞争。当前，单边主义和贸易保护主义存在、全球疫情持续蔓延、地缘政治冲突压缩了中国经济发展空间，贸易体系出现收缩、调整和重构，全球供应链封闭性、歧视性、区域性加剧。面对日益复杂的政治经济形势，电力行业要牢固树立计划、透明、实时、协同、智慧的数字供应链理念，积极构建更加坚强稳定的供应链体系，提升供应链整体的抗风险能力。

7.3.2 新发展格局对能源电力产业链供应链升级提出新任务

面对国内国际形势发展的新变化、全球产业链供应链重构的新挑战，中央提出逐步构建以国内大循环为主体、国内国际双循环相互促进的新发展格局，深化供给侧结构性改革，持续推动经济高质量发展等一系列政策要求。

其中，产业链和供应链是构建双循环的基础，是链接双循环的纽带，更是推动双循环相互促进的重要力量。电力行业各主体要主动把握全球产业链供应链重构的趋势，顺势而为，因"链"施策，多维度构建合作紧密的供应链网络。依托数字供应链建设推进和带动国内能源电力产业大循环的形成，在企业之间、产业之间形成利益共享、风险共担的运营机制，确保产业链供应链的安全和稳定。党和国家提出的碳达峰碳中和目标以及新型电力系统建设任务，对电力产业链供应链绿色、可持续发展指明了方向。

7.3.3　国资国企深化改革对电力供应链管理变革提出新要求

党中央明确提出要深化国资国企改革，做强做大国有企业和国有资本，部署了国企改革三年行动，提出要以市场化和互利共赢为导向，加强大中小企业协同创新，发挥国有资本支持引导作用，主动加大与民营企业、中小企业全方位合作，在稳定产业链供应链中发挥"国家队"作用。电力行业中的企业主体多为中央企业和大型国有企业，一方面，要加快构建数字供应链体系，逐步培育供应链引领能力、共享服务支撑能力，由传统模块化组织方式转为链式方式，形成较为高效、柔性、敏捷的供应链运作模式，提升供应链价值创造能力和电力行业整体竞争力，支撑能源电力高质量发展；另一方面，电力行业核心的电力和电网企业应依托电力产业价值链核心优势，重塑供应链关系，持续输出供应链相关标准，提升我国电力行业全球话语权，推进产业链供应链深度融合、走出海外，构建合作共赢的供应链生态圈。

7.3.4　新技术的加速迭代为电力供应链创新发展带来新机遇

随着第四次工业革命进程的不断加深，技术创新进入高度密集活跃期，人工智能、大数据、区块链等新兴技术加速迭代。供应链作为新技术应用最活跃的领域之一，大数据需求预测、实物 ID 监控、人工智能调配、区块链交易等新场景不断涌现，呈现出明显的学科交叉特性与系统特性。电力行业相关主体要深入思考人工智能、大数据、物联网等技术与供应链融合模式，系统规划具有电力行业和企业特色的数字供应链构建路径。

7.4　电力供应链现状分析

近年来，电力行业贯彻落实国家有关政策，在供应链发展上取得了长足的进步：一是现代供应链管理的意识逐步建立，供应链发展目标更加明确，供应链管理思路更加清晰，管理体系的内涵得到了提升，外延得到了扩展；二是供应链管理创新和技术创新持续推进，供应链创新成效获得社会各界肯定；三是招标采购业务集约化进一步提升，采购集中度持续提升；四是信息平台支撑力度不断加强，电子商务平台、供应商服务平台等持续完善，内外部满意度获得跃升；五是采购廉洁风险防范体系不断完善，采购管理制度体系得到进一步完善，电力行业招标采购业务进一步规范，阳光采购有效落地。

通过与国际先进供应链管理对标分析，电力行业还有较大差距，主要有三个方面：**一是管理效率有待提升**，需求管理、采购管理、库存和供应商管理等方面的管理指标与先进实践存在较大差距；**二是服务质量仍需改善**，采购招标、仓储物流等服务环节的服务意识、服务水平与领先企业差距较大，客户体验仍需改善提升；**三是价值创造有较大提升空间**，对上下游资源的整合力度还应加强，在业务拓展和供应链生态圈等方面的经营意识、价值创造能力与领先企业差距较大。

以上三个方面的问题和差距是外在表现，背后深层次原因主要集中为电力行业供应链管理理念、体制、机制、人力资本、技术创新应用等方面。

7.4.1　在管理理念上，仍局限于传统物资管理理念，数字供应链发展理念未完全形成

在定位上，电力行业供应链以物资保障为主，未将供应链管理提升至行

业整体战略层面进行思考；在目标上，局限在保障工程建设、安全生产等物资供应，在提高供应效率、降低供应成本、增加盈利空间等方面重视不够；在管理任务上，停留在内部供应、防范廉洁风险，没有对电力行业实物流、业务流、信息流与资金流的运作模式进行整合规划设计；在管理方式上，以物资采购为主开展职能管理，供应、生产计划、物流、需求和信息流管理协同不足，供应链管理生产力有待提升。

7.4.2　在管理体制上，电力供应链横向上多分枝，纵向上多节点

横向上，电力行业各主体在现有组织管理架构下，核心电力企业到供应商共搭建了多条服务链条，没有实现电力行业供应整体最优，行业内部资源缺乏整合，导致资源浪费、资源分散，各条链的供应商、物流商的协同能力不强；纵向上，电力供应链垂直链条长、流转节点多，基层单位的采购需求无法及时、快速传递到供应商，供应效率和供应质量均受到影响，导致供应链整体运行效率低、各主体满意度低。

7.4.3　在管理机制上，电力供应链管理跨主体运转不顺畅

电力供应链中的电能量"发输变配用"中，传输一直处于核心位置，相比之下，电力供应链中的实物流、资金流和信息流仍处于辅助位置，前者是电力服务经济社会的前端表现形式，后者是支撑前者的物质基础。电力行业供应链独特逻辑与其他行业十分不同，电力原材料、动力燃料、发电企业和电网企业也需要彼此更加协同。目前来看，电力供应链对电力产、供、销业务的统筹协调有待加强，对基层单位需求整合不足、管控力度不足、品类优化不足，对供应链资源整合、提质创效的动力不强，存在对前端一线的单位的服务能力不足，对上下游服务商缺乏业务协同等问题。

7.4.4　在人力资本上，人员素质当量不足，缺少专业人才，人才机制不活

在人员素质上，物资管理业务长期是电力生产运营业务的"配角"，人员成就感、收获感不强，吸引力不强。在专业人才上，缺少懂市场、懂技术、懂管理的数字供应链管理专业人才。在人才机制上，电力行业普遍尚未建立科学、合理的供应链专业人才培养机制，对专业人才激励不足，人员流动性不足，供应链人才价值发挥有限，市场化人才引入机制尚待建立。

7.4.5　在技术创新应用上，电力供应链管理信息化、数字化、智能化、平台化支持不足

大量业务尚未实现信息化管理，电力供应链品控管理、废旧物资回收拍卖、物流管理、仓储信息管理等主要依靠线下，操作琐碎频繁，效率低，无法进行数据共享和协同。已有信息系统在各主体之间相互连接不足，业务平台众多，信息系统条块分割明显，亟待横向打通，实现信息的"智能互联"。数字化、智能化、平台化的技术应用有待深入推进，物资供应未实现"在厂、在库、在途"的可视化管理，统一规范的智能化调配系统未建立，与当前社会智慧物流的配送模式差距很大。

7.5　案例分析：国家电网与南方电网

7.5.1　国家电网公司积极推进现代智慧供应链建设

国家电网在全国供应链创新与应用试点企业中期评估中获评"优"。试点以来，国家电网公司以传统物资管理向供应链数字化转型为抓手，高质量、高标准推进现代智慧供应链建设。目前，各省级单位及直属单位积极落实推广智慧供应链建设，通过"e 链国网""5E 一中心"供应链平台建

设运营，推动智能采购、数字物流、全景质控三大业务链有序运作，提升系统工作效率。图 7-1 所示为国网现代智慧供应链体系设计。

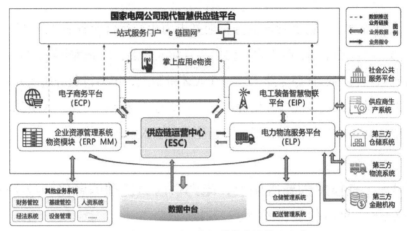

图 7-1　国网现代智慧供应链体系设计

建立"5E 一中心"平台架构，企业资源计划（Enterprise Resource Planning，ERP）是国网统一资源管理平台，专业内与 ECP、EIP、ELP 紧密集成，专业外与财务、人力资源等系统有效集成，实现采购订单、库存物资、资金结算等企业资源统筹管控。电子商务平台（ECP）是国网招投标及供应商统一管理平台，集成技术标准、专家管理、招投标、供应商管理、合同签订履约、质量监督、废旧物资处置等业务。电工装备智慧物联平台（EIP）是国网公司和供应商开放互信的物联平台，对内与 ECP、EIP 进行订单、合同、生产、物流等信息交互，对外与供应商进行生产、试验等信息交互，实现供应商生产环节的质量在线监控及进度管控。电力物流服务平台（ELP）是聚合内外部物力运力信息资源，面向全社会的第三方物流服务平台，促进仓储配送环节的供需对接，降低物流成本。"E 物资"是所有物资作业系统的统一移动终端，实现各个业务系统的移动聚合和业务在手机终端的一键办理。供应链运营中心（ESC）是供应链"大脑中枢"，从数据中台和各作业系统获取高时效业务数据，通过数据挖掘和分析，向 ECP、EIP、ELP 等系统下达作业指令，实现智慧决策。

国网建立总部和省公司两级供应链运营中心，日常运作采取"职能＋矩阵"模式，建立柔性工作团队，明确由物资公司一个部门履行供应链运营中心职责，开展物资调配、资源配置、运营分析、风险防控、业务协同、应急保障等业务，对监控发现的具体业务问题，由两级物资部相关业务处室进行统筹处理。图 7-2 所示为国网两级供应链运营中心整体框架图。

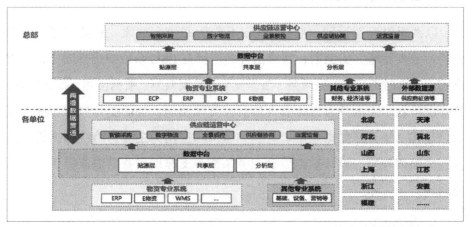

图 7-2　国网两级供应链运营中心整体框架图

1. 健全两级数据管理机制

建立一套"横向协同、纵向贯通、统一管理、分级负责"的协同联动工作机制，确保总部和省公司两级数据管理工作界面清晰、协同高效和联动畅通。同时，为保障两级数据管理机制贯彻落实，配套建立两级数据管理工作制度体系和两级数据管理责任矩阵，从需求管理、标准管理、质量管理、共享及安全管理、应用管理和考核评价等方面对现代智慧供应链两级数据管理工作内容和要求进行细化和规范，厘清职责分工，压实主体责任，为后续相关工作的常态化开展提供制度保障。

2. 建立供应链业务数据标准

数据标准是为确保信息系统各数据库与各功能模块之间的数据分类、编码及数据文件命名的系统性和唯一性，满足系统正常高效运行以及与其他相关系统协同运作的要求，实现系统之间相互兼容、信息共享，以及对数据制订的统一定义和规范。建立统一的数据标准有助于对数据进行统一规范的管理，消除各部门间的数据壁垒，方便数据的共享。同时，科学合理的数据标准也有助于对业务流程的进一步规范。

3. 建设信息化支撑功能

以两级供应链运营中心（ESC）系统为载体，按照"总体规划、急用先行、分步实施"的原则，将数据管理流程在 ESC 系统中进行固化，从数据需求、数据资产、数据质量、数据安全、数据共享、数据应用、数据监控、工作评价八个方面建设数据管理信息化支撑功能，全面提升数据管理工作的信息化水平。以数据供给、管控、运营和应用为主线，围绕数据管理八大能力整体规划、设计数据管理业务架构，支撑现代智慧供应链建设和高效运转。

4. 培育数字文化

供应链数字化转型升级正加速推进，传统物资人才知识结构相对单一，数字思维和数字文化有待进一步培育，既懂业务又懂数据的数字化人才成为稀缺资源，亟须通过多元化手段向员工普及数据专业知识，丰富员工知识结构，帮助其从全供应链视角和数据视角去思考和处理业务问题，养成"用数据说话、用数据决策、用数据管理、用数据创新"的数字化思维习惯。

7.5.2　南方电网公司积极推进特色数字供应链建设

南方电网公司现代数字供应链体系全景即构建"一中心四大业务链"（供应链服务调配中心、数字采购、数字品控、数字物流、数字监督）为基础的数字供应链体系，全面加强供应链全生命周期质量成本管理、全过程服务保障、全方位风险防控和全要素效能管控（"四全管理"），提升供应链的战略支撑能力、资源保障能力、风险防控能力、价值创造能力（"四个能力"）。图 7-3 所示为南方电网公司特定数字供应链建设体系。

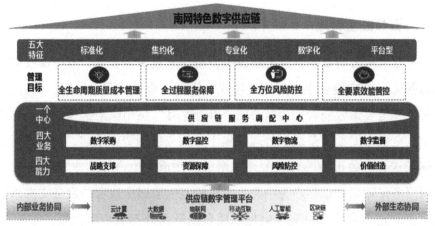

图 7-3　南方电网公司特色数字供应链建设体系

1. 明确一个目标

全面建成以满足南方电网公司内外客户需求为目标，规范集约、安全可靠、绿色共享，具有南网特色的现代数字供应链体系。推动公司成为产业链供应链"链主"企业，努力创建国家供应链创新与应用示范单位，发挥公司对能源电力产业链供应链的引领作用，支撑和服务公司产业基础高级化、产业链现代化，打造以供应链共享服务平台为支撑，覆盖上下游企业的能源电力产业链供应链生态圈。

2. 突出两条主线

纵向全链条贯通，推动供应链向两端延伸，推动从供应商、需求计划、采购、履约、生产、物流、运营、客户服务、资产退役等全价值链信息共享、管理贯通，实现客户资源、数据资源、平台化资源的快速积累，形成多方互联的供应链系统。

横向全业务协同，加快实现供应链专业和规划、基建、生技（生产技术）、调度、营销和财务等业务领域高效协同、良性互动。扩展供应链体系服务能力和范围，向各业务单元提供专业化供应链服务，支持管制、国际、新兴、产业金融业务的全面发展。

3. 聚焦四全管理

南方电网公司数字供应链建设强调统一配置资源要素，发挥规模效应，着力强化以供应链全生命周期质量成本管理、全过程服务保障、全方位风险防控和全要素效能管控为核心的"四全管理"，突出供应链系统全面管理。其中，全生命周期质量成本管理聚焦于对供应链物资在采购、品控、运输、仓储配送、回收报废等环节的降本增效，注重全生命周期成本的降低；全过程服务保障强调以客户为中心，力求提高供应链全过程的服务支撑水平，保障生产建设和物资供应，聚焦以质量提升内外部客户满意度；全方位风险防控强调供应链各环节的规范性，防范供应链物资供应过程中相关的各类风险；全要素效能管控聚焦对供应链运营中的关键要素进行管理，统筹把握供应链系统中各种关系流，如人员流、物流、资金流、信息流等，关注供应链运转效率的提高。

4. 明确"四化一型"路径

分别发挥供应链管理"资源保障、价值创造和提升核心竞争力"三大战略作用，按照"标准化、集约化、专业化、数字化和平台型建设"（"四化一型"）发展路径。其中，在标准化方面，强调推动品类标准优化，建立供应链统一的管理、技术和作业标准，以标准化管理规范供应链服务；在集约化方面，强调对全网供应链服务业务的整合，统筹供应链内外各种资源、信息、要素，以提升规模效益；在专业化方面，强调加强专业化管理，培养专业化队伍，向全网提供优质专业化服务，打造专业化供应链服务能力，同时积极向网外拓展供应链业务，提升价值创造；在数字化方面，强调通过运用"云大物移智链"等新技术与供应链业务深度融合，推动供应链对象、过程、规则数字化，实现全流程可视化、全链条协同和全业务数字化；在平台型建设方面，强调打造供应链共享服务平台，推进资源、技术、信息融合共享，推动上下游企业协同共赢，汇聚生态合作伙伴，构建互利共赢的供应链生态圈。

7.6 有关建议

电力行业加快数字供应链转型建设，应深入贯彻落实党的十九届五中全会关于"提升产业链供应链现代化水平"的决策部署，坚持问题、目标和结果导向，坚持创新驱动发展，充分发挥电力供应链管理"保障电力供应、创造行业价值和提升全球竞争力"三大定位，推进供应链标准体系化、服务专业化、运营数字化、风控系统化、平台生态化，加快构建具有电力行业特色的供应链管理架构和服务管理体系，打造电力供应链生态圈，不断提升供应链数字化管理水平，为构建新型电力系统、推动碳达峰碳中和提供坚强支撑。

7.6.1 加强电力数字供应链体系顶层设计

充分借鉴国内外先进企业数字供应链体系建设经验，结合电力行业供应链业务的新定位、新要求、新机遇，以目标为引领，以问题为导向，围绕"保障电力供应、创造行业价值和提升全球竞争力"核心目标，建议主管部门牵头加强电力供应链业务顶层设计，推动构建具有电力行业特色的数字供应链体系。在此基础上，通过搭建简单实用、高效协作、各主体协同的供应链系统平台，将电力供应链上下游业务体系、场景、流程、数据等融合一体。同时，要体现供应链业务前瞻性、科学性，引领电力供应链业务未来发展。

7.6.2 持续夯实电力数字供应链管理基础

结合电力数字供应链体系设计，加快完善供应链领域制度、标准、技术规范等，实现全业务覆盖和逐步执行。加强电力物资标准化体系建设，完善电力物资主数据，依托采购大数据和专业分析，大力推进品类优化及对应技术规范固化，推动采购标准结构化应用。进一步建立健全采购策略库、品控策略库等，实施差异化采购和品控，逐步提升电力设备质量。建立完善仓网规划模型、仓库建设和配置标准、物资调配算法等，提升仓储物流运营和服务能力。加快评标专家库、品控专家库、监督专家库建设完善，支持供应链各业务活动。推进基于资产全生命周期的实物 ID 建设，实现"一码到底"，确保物资制造、供应、安装、运行、退役等全程可视。

7.6.3 打通电力供应链通用的技术和管理标准

实现碳达峰碳中和，能源是主战场，电力是主力军，在构建新型电力系统大局中，电力供应链将发挥重要作用，开展电力行业共性标准互通互认对于推动电力供应链数字化转型具有重要意义。具体来说：一是打通电力共性标准。以核心行业协会指导、优秀企业牵头、相关企业参与等形式，以高水平电力专家为基础组成团队，选择供应商、采购、品类、物流、供应链指挥中心等制约行业发展的关键环节进行试点，针对制度标准、技术标准、操作标准、数据标准等开展互通互认，有利于提升电力供应链整体水平。二是电力相关行业组织针对数字供应链加强交流合作。建议中国电力企业联合会、中国能源研究会、中国企业联合会等协同合作，联合举办电力供应链高峰论坛，编制国内外和行业、团体标准，共同发布优秀实践成果等，促进电力供应链健康持续发展。建立完善电力供应链专家人才库，持续跟踪国际国内电力行业发展趋势，及时为国家主管部门建言献策，助力国家能源战略落地。

7.6.4 加大数字供应链管理和技术创新

依托供应链信息化平台，应用"云大物移智链"技术，全面推动电力供应链业务可视化管理、智能化运作和智慧化决策。推进电力行业智能评标和计算机辅助评标，提升采购效率，降低廉洁风险。推动电力物资供应商多维度全息评价，对接国家征信平台及企业内部生产管理系统等，实现评价数据自动抓取、实时传递，并推送至招投标活动中。依托物联网等技术，实时采集供应链制造过程数据，推进远程监造。加快电子合同、电子签章以及线上支付等模式，实现合约履约结算业务线上办理，提升电力供应链整体效能。

大力推动物资移动终端在远程监造、物资现场交付、仓储运输作业等场景应用，提升作业效率。强化电力供应链共享平台作用，切实发挥其运营分析决策、资源优化配置、风险监控预警、数据资产应用、应急调配指挥等智能，提升供应链整体效能。

7.6.5　持续开展电力供应链运营绩效评价

根据电力行业发展需要，设计符合当前电力行业发展现状、系统科学、突出重点且容易操作的评价指标体系。在行业整体层面，立足新型电力系统建设与碳达峰碳中和国家战略部署，按照财务绩效、业务表现、成本控制、周转率等重要维度，设计系统全面的电力供应链综合评价指标体系，以行业协会牵头定期评价电力行业供应链运营绩效水平，为制定电力供应链创新政策提供输入。在电力企业层面，应承接行业层面电力供应链综合评价指标体系，并结合自身发展战略及供应链建设重点，制定具有自身特色的评价指标体系，围绕供应链的响应速率、产品和服务质量、成本控制、风险应变能力等关注要素展开评价，及时掌握当前供应链管理现状，精准定位供应链改进方向。

7.7　参考文献

[1]　关于开展全国供应链创新与应用示范创建工作的通知，2021 年商务部等 8 单位印发。

[2]　贺绍鹏，宋志伟，刘明巍 . 国家电网公司现代智慧供应链数据管理体系研究与探索 [J]. 招标采购管理，2021（2）：28-30.

[3]　南方电网公司 . 南方电网公司"十四五"供应链规划，2021 年 11 月印发。

[4]　南方电网公司 . 南方电网公司供应链管理改革方案，2021 年 5 月印发。

[5]　陈威如，王诗一 . 平台转型：企业再创巅峰的自我革命 [M]. 北京：中信出版社，2016.

[6]　陆爽，胡永焕，董凤娜，等 . 物资供应快速响应时间标准与服务承诺机制——基于供电企业物力集约化体系的研究 [J]. 经营与管理，2015（8）：120-122.

[7]　史蒂文森 . 运营管理 [M] 张群，张杰，马风才，译 . 北京：机械工业出版社，2012.

08

第 8 章

邮轮行业供应链管理现状

徐晓东

8.1 邮轮行业介绍

近年来，邮轮作为旅游休闲行业的一部分，整个行业规模增长明显[1]。2019 年是疫情前有完整运营数据的最后一个年份，全球乘坐邮轮的游客数量达到 3 000 万人次，产值 1 500 亿美元[2]。2019 年，全球范围内的邮轮业增加了 24 条新船，4 万多床位，是历史上最好的一年。在疫情发生前，本计划在 2020 年进一步交付 23 艘新船，3.7 万个床位，但由于疫情的影响，2020—2021 年间邮轮行业运营受到了极大的影响。自 2020 年 1 月底开始到 3 月，邮轮公司陆续取消了在世界各地的载客运营，导致营收下降。以最大的邮轮公司嘉年华公司为例，其 2019 年收入为 208 亿美元，2020 年则下降为 56 亿美元，截至 2021 年 8 月底，前三季度收入进一步下降至 6.6 亿美元[3]。行业受疫情影响的程度明显。

从 2019 年的数据看，全球邮轮乘客最多的区域还是北美地区，为 1 500 万人次；其次是欧洲，750 万人次；亚洲（不含澳大利亚和新西兰，这里需要说明的是，上述两个国家常被统计入亚洲地区）为 370 万人次。值得注意的是，中国市场 2015 至 2019 年间增长迅速，平均年增长率高达 22%，是全球增长最快的邮轮市场[3]。中国的邮轮市场开始于 2006 年第一艘国际邮轮歌诗达爱兰歌娜号来到中国。从那时起到 2021 年，中国邮轮市场主要由外籍邮轮占据，嘉年华旗下歌诗达邮轮及皇家加勒比邮轮等品牌占据了中国邮轮市场的很大份额。值得注意的是，包括中船集团、招商集团在内的中国企业纷纷增加了在这一市场的投入，截至 2021 年 12 月，中国企业旗下已拥有包括大西洋号、地中海号在内的数艘大型邮轮，其中招商维京邮轮旗下的伊敦号已经开始运营深圳三亚航线。

亚洲是全球邮轮业增长最快的地区。主要的邮轮公司纷纷将其船队中的最新下水的邮轮部署到中国，以至于许多旅客对邮轮的感受就是最新、最大、最炫。例如，意大利芬坎迪尼船厂为歌诗达邮轮交付的威尼斯号，出厂即部署到中国，代表了邮轮行业对中国市场的良好期望和强烈信心。

在中国，邮轮旅行作为一种新兴的旅游休闲方式还有巨大的发展空间。以 2019 年为例，全年中国出境旅游数量为 1.5 亿人次，其中在中国港口出行的邮轮乘客近 200 万人次，为总体出境旅游人数的 1.3%。作为对比，同期美国出境游客数量为 1 亿人次，同期邮轮乘客为 1 400 万，为总体的 14%[2]。中国邮轮市场未来可期。

8.2　邮轮行业供应链体系介绍

8.2.1　保障邮轮运营所需的主要供应品类及本土化情况

1. 海事、技术类

这个品类主要包括了船舶正常航行所需要的备品、备件等，大部分甲板、轮机相关产品由原厂的供应商提供。

本品类下的大多数产品与国内非常发达的货轮配套产品在方向上有一定重合，目前国内和亚洲其他地区的供应资源也和货轮的相关渠道有所重合。但是，由于邮轮相关产品可能有技术上的专用性，具体产品是否在国内市场有供应要具体分析。

从生产建造的角度看，大部分大型豪华邮轮在欧洲制造，主要船厂包括意大利芬坎蒂尼、德国迈尔等。邮轮建造的供应商也有相当比例在欧洲，与其他制造业相比，邮轮建造业国内本地化比例较小。

值得注意的是，中国是造船业大国，第一艘国产大型豪华邮轮目前正在上海由中船集团和外高桥造船有限公司设计建造，预计于 2023 年 9 月交付。随着更多的邮轮在国内建造，配套的邮轮制造供应链有望在不久的将来逐渐在国内成长。

2. 酒店类

邮轮常常被形容为海上移动的酒店。目前在亚洲部署的几条大型国际邮轮上，都有近 1 000 间酒店客房，也提供一般酒店可以提供的服务，有些超大型邮轮的客房甚至多达两三千间。日常酒店类物资的需求是持续存在的。

酒店类物资首先包括了日常消耗产品，例如各区域使用的纸巾、浴液等洗漱用品，客房餐饮使用的布草等，以及非固定装修类的客房设施。同时也包括其他向乘客提供服务所需的产品，例如餐具、清洁消毒用品、印刷品等。本类物资的供应资源与酒店餐饮业的供应资源有相当程度的重合，而酒店餐饮业国内供应商相当完备，基本可以满足所有需求。虽然具体产品可能要根据船上使用的特点改变技术要求，但从整体上看，这部分完全有可能也应该实现供应渠道基本国产化。目前的挑战在于整合供应渠道，提升供应商群体对于邮轮产业的了解，建立适合邮轮性质的国内产品标准。伴随着中国企业向邮轮业的进一步投资，本地化供应充分取代进口指日可待。

3. 餐饮类

在一般的豪华国际邮轮上，给客人提供一日五餐甚至六餐是常见的服务标准。船上的餐饮产品包括自助餐（通常包括在船票价格内）、早茶、下午茶、夜宵等，以及各种特色主题餐（有可能不包括在船票价格之内），还有酒品、甜品等。

考虑到船上客人的主要餐饮消费除了下船观光时间以外，都在船上进行，餐饮类产品的采购任务是很重要的。餐饮类产品的数量较多，一般会在数千项。本品类的产品供应与岸上餐饮业的供应资源有一定的重合度，但是服务要求上可能有差别。

这一类别目前已经能实现大部分本地化。从产品和成本的竞争性考虑，有必要保留一部分国外原产地的比例，一方面满足餐饮产品的多样性，另一方面充分利用不同市场之间的价格差异。

8.2.2　供应商选择和管理

邮轮行业在国内仅有 15 年的发展历史，大部分时间体量较小，主要的增长来自于疫情前数年。为行业配套的国内邮轮供应体系目前尚在发展过程中。供应商的前期选择一般考虑合规和商务两个角度。

合规性要考虑到邮轮企业可能有不同的背景，同时在不同的地区运营，例如几家大的国际邮轮企业本身在美国或者英国上市。更复杂的一点是，船舶有船旗国的不同，船旗国各自有完善的船舶相关法规限制。从供应商选择的角度来看，合规相关要求要考虑邮轮企业的上市地点、运营地点、船旗国等诸多环境因素。企业要具有相关产品和行业必需的资质，有在上诉多种环境下提供可靠产品及服务的历史经验和能力。

对于邮轮供应企业的商务角度的评价会比较复杂，供应商的选择过程除了要考虑到各种常见的因素，还要特别考虑供应商对于邮轮行业的了解，进入邮轮行业的决心和一定时间内的持续投入意愿。目前国内邮轮行业和上下游供应链尚处于发展阶段，为邮轮服务的供应商大部分来自传统行业，缺少邮轮行业的直接经验。这个现状要求船公司的供应管理人员必须积极主动地给予潜在供应商充分的沟通和培育。前期的充分沟通能大幅度降低后期业务的风险。

我国周边其他国家和地区的邮轮供应体系与国内有一定相似性。目前大部分邮轮航线由国际邮轮公司，特别是来自欧美的国际邮轮公司提供，亚洲企业数量较少，基于国内本地母港的邮轮运营历史相对有限，相当比例的物料由欧美中央集采配送，当地获得的产品以低技术含量的产品为主，例如生鲜果蔬。

从供应商的后期管理角度看，邮轮公司和其他各行业一样，对供应商的表现做日常追踪。特别是餐饮类产品，为了尽可能保障船上乘客和船员的安全，会采取第三方对供货方进行审核和现场对产品随机抽样检测的方式。在国内的交付由于涉及出入境，也受到国家海关单位的严格要求，供应链的效率、成本控制都会体现出来。供应链部门会和使用部门及供应商密切合作，保障产品和服务的竞争优势。供应链的发展方向同时也和邮轮供应企业在社会责任方面的表现密切相关。过去数年，主要邮轮公司控制浪费和污染，减少一次性塑料用品的使用，提倡循环经济，和企业服务的市场地区紧密联系等，这些都需要供应链上的合作伙伴密切参与和积极支持。

8.2.3　从物流角度看邮轮供应链的特殊之处

我们特意将物流角度提出来单独讨论，是因为邮轮业的供应交付方式和"岸上企业"有很大的不同。船舶没有固定的地点，大部分时间处于从一个港口向下一个目的地港口的过程中。这种差别是对供应交付最大的挑战之一。

邮轮订单的交付有当地直接送船和国际转运等。

当地直接送船的方式相对直观，操作成熟。目前最主要的关注点是邮轮船供申报的方式是否会进一步统一到贸易方式下，是否有退税可能等，以及疫情后可能出现领海游、海上游等新模式下邮轮船供性质的影响。

有的大型邮轮公司有集中采购的操作，通过中央仓储设施统一接收，然后拆分，根据不同船只的订单情况，以集装箱转运的形式发送到各船，各船在订单明确的港口和日期接收货物。这种转运往往是免征当地进口税的。从目前运营的邮轮公司背景来看，主要运力都是来自国际性的公司，在欧美等地区都有成规模的成熟采购渠道，大部分在亚洲运营所需产品在这些地区也是日常采购的一部分，这给国际配送提供了现有的供应渠道和能力的支持。从产品来看，在不同的地区，各品类往往有价格的差异，那么寻找价格差异较大的产品并从欧美等地采购也就有了成本控制上的合理性。另外，由于各国、各地区的习惯、传统不同，某类产品往往在特定地区有天然的优势。例如，意大利的奶制品和红酒，邮轮建造过程中原厂采用的轮机备件等。

从法规的支持上来看，邮轮产品往往是属于出境游的国际线路，有采购接收免税产品的法规依据。目前，在国内各主要邮轮港口，由于主管部门的大力支持，以及邮轮和供应链合作伙伴的努力，主要邮轮企业已经在许多品类的产品上实现了源自海外的供应以免税的形式转运上船。同时也值得关注的是，相关法规的滞后性造成目前在不同地区的免税转运操作是以不同的方式在试验，尚未有全国明确的统一的法规依据，这方面有待进一步理顺。

除了上述细节之外，合规也是邮轮行业供应管理一个必须面对的话题。上文已对合规性作了讨论，这里要指出的是，由于邮轮运营中涉及有管辖权的国家和地区会比传统行业多，邮轮行业供应管理的合规性值得特别关注。

8.2.4　风险事件对于邮轮供应链的影响

国内市场主要的邮轮产品为出境游，产品跨越多个国家和地区，受天气、技术、市场乃至地缘政治等各方面因素影响。影响供应链的风险事件可能由其中任何一项因素引发。

对于风险事件，我们可以分为两种：可预期的风险事件以及不可预期的风险事件。前者包括了常规的天气变化、市场波动等。例如，每年都会有数十次台风影响中国出发的邮轮航行。我们虽然不知道台风具体哪一天发生，途径如何，但是绝大部分的台风可以通过既定的程序应对，从供应管理的角度，要及时调整方案来保障船舶及人员的物资补给。后者则包括了地缘政治事件、超出常规的供应链波动，以及这次的新冠肺炎疫情。这些事件不是事先可预期的，更不用说预知发生的具体时间和影响范围。这些事件的应对则困难得多。

这次全球性的新冠疫情给邮轮业带来了巨大的打击。或者可以说，各行各业都受到了打击，而邮轮业的损失可谓惨痛。2020 年 1 月下旬是许多邮轮在国内最后一次开航。国内各个港口城市的有关部门都高度重视，与邮轮公司一起对回航到母港的邮轮提供了快速、有效的支持，有效地保障了游客和船员的安全。自那时起，到 2021 年 12 月，除了招商维京邮轮在深圳—三亚航线试点及两条外资邮轮在中国香港地区开航以外，邮轮在其他港口没有复航，处于停航待命状态，也就意味着邮轮所有方基本没有销售收入，同时要负担船舶维护保障的成本。

疫情给邮轮业供应管理带来的最大挑战在于需求的不明确，以及主要需求市场的变化。在开航情况下，需求的地点、时间、产品种类及数量都是非常明确的。而疫情停航状态下需求不明确，产生了大量临时性的手工作业量。更大的影响则是给供应链上游造成了相当的不确定性。对于供应链上游来说，在疫情发生的早期产生的一些订单变化造成了很多损失，但是这部分的影响是短期的，更大的影响来自一年多来运营停滞带来的订单缺失对于供应体系造成的冲击。同时，中国作为亚洲邮轮业的主要市场，也是供应管理方面投入资源最大、建立供应渠道最完整的市场。各邮轮企业亚太区的供应链管理中心均在国内，处于停航待命状态的邮轮仍然有相当数量的船员在船上进行船舶的正常维护工作，需要船公司的供应管理部门灵活快速反应，调整国内及亚洲各地的供应链资源，持续有效地为船舶提供相关服务。

8.2.5　对邮轮行业供应链发展的建议

为了服务疫情后邮轮行业的持续发展，行业需要建立立足国内、服务亚洲市场的供应架构基础。邮轮行业目前可以用自然发展来描述，哪里有港口，哪里有邮轮，相关的供应就延伸到哪里，相关供应企业也多为"反应式"布局，缺少整体规划。

这个体系的建立需要积极进取的供应链合作伙伴，需要各级有关部门的指导和服务，需要行业整体对未来发展有统一的展望和规划。本土化邮轮供应体系建设要将现有邮轮航线的布局和未来航线规划结合起来，通过法规和人才两个支柱，建立北、中、南三个中心。

1. 覆盖日韩俄三国的北部供应中心

到疫情前，按服务的游客数量，天津邮轮母港是中国第二大邮轮母港。

邮轮企业在这里可以完成日常的供应补给工作。同时，得益于当地各有关部门的大力支持，在这里成功地完成了集装箱国际配送和转运的尝试。从天津母港出发的航线，覆盖了日本、韩国、俄罗斯等国家，也可以服务国内东北地区和华北地区的目的地。

在过去，韩国的济州岛一度是国际邮轮在亚洲供应链的支点。济州当时的成功有赖于其地理位置，也得益于当地灵活的船供法规政策。在可预见的未来，背靠国内巨大的供应市场，天津母港完全可以建设成为比济州更好、更完整、更高效的北亚邮轮供应中心。

2. 链接南北，打通上下渠道的东部、中部供应中心

多年来，上海邮轮母港是国内最大的邮轮母港。在这里可以满足邮轮企业大部分的供应需求。基于有关部门对于船供业务的积极开拓以及供应链合作企业的努力，到疫情前，邮轮公司也在这里能定期完成跨国物资的调拨。

考虑上海在国内处于链接南北的中心地区，本地供应资源丰富并相对成熟，将上海作为集中采购的仓储中心之一，可以让邮轮的供应链进一步提高效率，增加灵活性，从目前各供应商各自港口交付的初级阶段，逐步向欧美等邮轮发达市场的中心收付、仓储、调拨综合模式转换。

3. 立足本土，面向东南亚、南亚市场的南方供应中心

国内深圳、广州、厦门、三亚等港口都不是传统的母港航次最多、游客数量最大的港口。一旦未来迅速发展，从面向东南亚甚至南亚的航线丰富程度看，将快速赶超其他港口。

基于以上可能，在相关地区，例如深圳或者香港，建立服务东南亚及南亚市场的南方供应中心有着巨大意义。这个支点将覆盖多元化的航线和目的地，和东南亚的供应体系竞争。

由于邮轮市场在中国发展时间尚短，规模尚小，目前相关法律法规有所缺失。未来邮轮业的恢复和发展需要考虑完善建立专注于这个行业的法律规范。例如，邮轮供应的性质目前不属于一般贸易，基本无法享受出口退税。

是否可以以某种方式纳入出口退税的范围？这样可以进一步鼓励国内的供应企业立足国内来与国外的同行竞争。

邮轮行业供应管理人才的培育也是下一步行业发展所必需的。邮轮这个行业横跨旅游、餐饮、船舶、进出口、关检、物流等多个领域，从供应链上下游各方企业和相关监管部门来说，都需要有相关领域知识和经验的人才。同时，也要鼓励相关管理人才积累多元化的行业实践。目前国内缺少能为邮轮业供应管理提供专业咨询意见以及知识和技能培训的资源，也缺少本行业供应链上各企业和机构的管理人员交流互动共谋发展的平台。建议国内的供应链行业组织成立聚焦旅游服务业特别是邮轮供应链的专业委员会，为邮轮行业发展提供参考，为讨论行业供应链发展提供专业平台，同时为各有关部门和企业培养邮轮供应链专业管理人才提供资源。

邮轮作为目前最年轻的行业之一，面临着巨大的挑战，同时也代表着无限的未来。邮轮供应链在中国尚处于蹒跚学步的阶段，希望能得到供应链上下游企业和相关单位的关注和支持，早日建成世界一流的供应链体系，为中国邮轮业的进一步发展提供坚实的基础。

8.3 参考文献

[1] 汪泓，等.中国邮轮产业发展报告（2020）[M].北京：社会科学文献出版社，2020: 3-5.

[2] CLIA. CLIA 2019 Global Market Report, 2019.

[3] MacroTrends. Carnival Revenue 2006-2021 | CCL .

09

"一带一路"倡议下汽车与装备制造业跨境供应链发展现状与策略研究

青岛国赫通供应链有限公司

孙赫宏

山东大学管理学院、山东大学社会超网络计算与决策模拟实验室

金宗凯、于宇

　　"一带一路"倡议为我国汽车与装备制造业的发展带来了"走出去"的机遇，"一带一路"沿线的 65 个国家和地区，除了欧洲的部分国家和地区，其他国家和地区的工业基础都较为薄弱，在机场、港口、铁路、管线、核电等领域的基础设施建设需求量很大，为中国制造企业拓展海外市场空间创造了良好的条件。我国汽车与装备制造业正在努力实现全球化战略布局，在经营环境和经营风险等方面依然存在发展问题与发展机会。

　　新冠肺炎疫情对全球经济造成严重影响，2021 年的后疫情时代，得益于强大的制度优势、强大的工业基础以及敏捷的应对能力，我国在后疫情时代实现了经济的快速恢复，在全球供应链重塑的过程中展现出强有力的动力。随着国内外需求的逐渐恢复，由工业和信息化部装备工业发展中心发布的 2021 年 1—7 月装备工业形势分析与全年走势判断分析专报可知：我国装备制造业整体保持平稳增长，1—7 月，我国装备工业营业收入达到 17.6 万亿元，同比增长 25.8%，比一季度下降 30.9 个百分点，两年平均增长 11.0%；我国装备制造业出口整体快速增长，但增速放缓。1—7 月，装备工业出口快速增长，出口规模超过 2019 年同期水平，7 个工业大类行业基本全部实现正增长。其中，汽车制造业出口交货值增长幅度最大，同比增长 48.7%，增速比一季度提升 2.2 个百分点，汽车制造业中整车、发动机等表现突出，分别同比增长 75.0%、84.1%。

　　而想要实现国际供应链的替代，根本上要靠产品、产业链的核心竞争力。我国制造业在全球制造业占有份额不断提升，但受限于市场占有率低、供应链运营成本高、跨境供应链一体化等问题,产品的竞争力并未转化为出口份额的提升。新冠肺炎疫情不仅加速了国际政治、经济格局变化,还使全球供应链配置和全球生产网络受到了严重冲击,以中国力量重构全球供应链体系,实现全球供应链网络的有效代替,对于我国制造业供应链发展是机遇也是挑战。

近几年,国家的相关政策为汽车与装备制造业的跨境供应链贸易提供了更好的发展环境。2020 年 8 月,《推动物流业制造业深度融合创新发展实施方案》(发改经贸〔2020〕1315 号)的提出给供应链中制造业和物流业两个行业的变革提供了更具体的发展方式。针对经济发展的整体性和结构性问题,国家提出了"深度融合、创新发展"等相关政策,促进经济的高质量发展;基于前瞻性、战略性和全球竞争性的考虑,国家提出了物流行业降本增效、制造业转型升级的高质量发展策略,这将引导物流企业为传统的汽车装备制造业提供更具柔性的解决方案,同时提高制造业的敏捷度。物流业与制造业的协调政策,能够实现产业供应链的协同联动和跨界融合,增强供应链的稳定性以及产业链的结构性,提升总体价值链。这些政策的颁布与实施对于物流业和制造业的融合以及产业链一体化的运作,对于"双循环"发展新格局的适应和现代化产业链的构建具有重要意义。

2021 年 3 月,国家十三部委的联合发文《关于加快推动制造服务业高质量发展的意见》(发改产业〔2021〕372 号)同样也为汽车与装备制造业的高效发展提供了意见与指导。其中提出制造业供应链向产业服务供应链转型,补足制造业供应链短板,加快制造服务业的发展。通过鼓励探索制造业的衍生服务、智慧供应链管理等新形式,在巩固制造业核心竞争的基础上,提升制造业的服务竞争力,推进制造供应链融入全球化的供应链网络。

国家政策表明,制造业的转型升级是适应当今世界发展的重要途径,汽车与装备制造业作为制造行业的代表之一,需要根据国家的相关政策,利用不断更新的技术设备及知识体系,建设高质量发展的、与物流业紧密合作的新一代汽车与装备产业供应链,这是实现服务化转型与供应链智能化升级的重要途径。

9.1 汽车与装备制造业跨境供应链发展现状分析

9.1.1 汽车与装备制造业跨境供应链发展概述

随着物流行业的发展，供应链管理理念逐步形成。由于我国的工业发展起步较晚，物流行业相关管理概念和管理技术都主要借鉴西方发达国家。尤其是改革开放后，通过积极融入国际产业体系，我国制造业蓬勃发展。我国经济和商务的发展受到了贸易全球化进程的深刻影响，这其中也包括我国物流和供应链行业的发展。

在全球贸易和数字化的发展背景下，我国跨境贸易实现了飞速发展，供应链和物流的运作模式也进一步升级，迎来了跨境电商大发展的历史时期。由此业内提出了"跨境供应链"的概念，这反映出我国产业升级的变化，努力建设自主、创新的全球供应链的发展目标，也体现了供应链领域的国际竞争态势。

跨境供应链的发展，一方面是因为我国内部物流和电商产业的快速发展，另一方面也与外部国际产业发展与贸易变化有关。汽车与装备制造业供应链服务行业通过学习新技术和新模式，开始不断创新发展汽车与装备制造业的"跨境供应链和物流"，以物流带动贸易，进而实现贸易推动产业发展和产业落地。供应链企业正逐步尝试将跨境电商产业中所开发的海外仓、保税仓等运作模式应用在汽车与装备制造业跨境供应链中，以支持相关制造企业的生产和发展。

跨境供应链的发展与创新必须要具有国际视野。在全球竞争的背景下，全球供应链体系的建设变得越来越重要，其中最关键的是建立海外执行体系和网络体系。目前，我国制造业发展和跨境贸易都处于新的变革期，因此需要建设新一代汽车与装备制造业跨境供应链运作体系。供应链行业应加大创新力度，将国内供应链领域的新技术、新理念进一步与跨境供应链相结合，推进跨境供应链向一体化、智慧化和多元化转型。

9.1.2 汽车与装备制造业跨境供应链发展存在的问题

进入 21 世纪，物流行业所包含的服务范围越来越广，在企业中也扮演着越来越重要的角色。在这种趋势下，物流的角色逐渐发生演变，所承担的职责不仅仅包括物流内容，从采购、生产运作到市场销售等各个环节都有涉及。

随着供应链管理时代的到来，企业的跨境贸易之争已经逐步转变为供应链之间的竞争。我国跨境电商的飞速发展间接带动了制造业跨国供应链的进步，但不同于跨境电商的快消品，汽车与装备制造业跨境供应链的发展难以实现快速的产业链布局，一方面是因为在海外市场的占有率低，整体运营成本高，另一方面是因为涉及大额资金占用，代采代销一体化难度大。

1. 市场占有率低，企业运营成本高

"一带一路"沿线存在许多发展缓慢、急需基础设施建设的国家，其投资成本相对较低，工业发展尚不成熟，客观上在基础设施建设和经济发展方面有着广阔的市场。但由于我国的海外市场拓展时间较晚，企业在"一带一路"沿线国家将同美国、日本、韩国等国的企业展开激烈竞争。以汽车行业为例，像日韩这样汽车工业较为发达、主要依赖海外市场的国家，在非洲、东南亚等地区已经建立了较为发达的跨境汽车贸易产业网络，并且凭借高质量产品形成了良好的消费者口碑。而我国汽车产业发展较晚，尤其是二手车，出口体系还不成熟，且乘用车品质与发达国家还有一定差距，市场占有率不高。由 WTO 统计的数据可知，2018 年我国汽车产品出口贸易额仅占全球汽车交易贸易额的 3.9%，与欧盟、日本等国家和地区相比，占比有一定差距。而 2018 年整车出口量仅占国内产量的 3.6%，像德国、韩国这些汽车出口大国的出口比例都超过了 50%。与欧洲、美国、日本等

汽车强国相比，我国汽车与装备制造业起步较晚，在产业网络布局、国际供应链建设等方面差距较大。

此外，在全球供应链中，中国制造业往往是作为四级、五级的底层供应商运营，很少能成为整个供应链条中享有话语权的角色。由于缺乏核心竞争力和强大的供应链网络建设，我国跨境供应链长期"被塑造"，沉没在供应链"低端"，是"受气包"的角色，由此要承受每年甚至更快频率的持续降价要求等，成为经济波动下的牺牲者。而全球供应链的构建是一个漫长的、复杂的、动态的、有生命力的、有周期的、有特性的、持续演进的生态系统，想要不断地渗透成为全球供应链中不可或缺的力量，需要付出更多的运营成本。

2. 跨境供应链代采代销一体化难度大

"一带一路"沿线国家众多，覆盖多个经济合作区域，不同区域在法律法规、市场监管、金融税收政策、进出口管理等方面的规定各有不同。我国汽车与装备制造业企业在当地开展业务，从招投标、投资、建设，到用工、经营等各个方面都面临着复杂的当地法律法规问题，如果没有充分了解当地的相关政策和法律法规，或者违背了当地的民族文化规则，不仅会对企业自身的项目造成损失，甚至有可能引发国家之间的矛盾冲突。因此，跨境供应链代采和代销活动的难度较大，对跨境经营与管理的要求更加严格。

企业海外投资涉及多国法律、文化、财务等各种复杂因素，缺少资金的支持对于跨境供应链一体化建设难度很大。因此，金融配套支持对于汽车与装备制造业跨境供应链也同样重要。由于汽车行业的供应链建设是长期事业，前期市场培育、平台搭建都需要大量资金投入，只有通过资本的不断助力，才能进一步扩大汽车出口规模，而对于很多民营企业来说，如果没有充裕的资金支撑，前期海外市场的拓展将较为困难。

9.2 汽车与装备制造业跨境供应链发展策略分析

9.2.1 订单驱动的跨境服务海外仓建设

1. 以市场需求为导向

海外的汽车与装备制造业市场潜力巨大，尤其是发展中国家，对于汽车及其装备的需求较多，汽车品类及其零部件也很多样。由于海外市场环境多变，无论是汽车消费群体的商业用户，还是个人用户，都对汽车及其装备有着多样化的需求。跨境供应链时间较长，而用户的环境和需求经常会发生变动，这对跨境汽车供应链的发展提出了更高的要求。因此，以市场需求为导向，进而实行订单驱动的跨境供应链发展策略，能够降低跨境汽车供应链的风险，并兼顾海内外消费者个性化需求与供应链服务效率。根据市场需求，合理安排跨境服务，按需运输汽车及其装备，并给消费者提供更精准的提货时间，不仅能提高跨境供应链服务效率，还能提高客户满意度。

2. 以海外仓为核心的跨境物流服务

与快销品不同，在汽车与装备制造业中，汽车的库存成本较高且销量不稳定，然而消费者更想看到实体商品再购买，这两者的矛盾在跨境汽车供应链中更为明显。海外仓的出现缓解了这一矛盾。海外仓作为跨境贸易的海外库存点，在跨境供应链运作过程中，国内的公司可以将汽车等产品集货运输到目的国的海外仓内，并根据目的国客户的需要第一时间响应。汽车与装备制造业的海外仓还可以兼顾汽车展示功能，这能够让消费者在当地看到汽车实体，进而更加了解汽车，增加消费者的购买意愿，驱动消费者针对自身需求产生更精准的订单，从而使市场需求更加精确。

通过海外仓，跨境供应链的流程得到了更高效的改善。除了整车跨境贸易之外，其他装备和零部件的跨境贸易也在海外仓的建设下得到了发展，提升了整个汽车与装备制造业的运作质量。在以海外仓为核心的汽车与装备制造业跨境服务中，相关企业通过海外仓数据反馈，可以提前将汽车装备、零部件等通过集货运输的形式存储到海外仓内，消费者下单之后可以立即运输与配送，有效实现市场下沉。订单驱动下以海外仓为核心的汽车与装备制造业跨境供应链流程如图 9-1 所示。

图 9-1　以海外仓为核心的跨境供应链流程

由此可见，海外仓的发展不仅能促进订单驱动的跨境供应链模式发展，还为汽车行业的供应链一体化服务提供了硬件支撑，这将使得海外仓从一个仓储设施逐渐向仓配中心转变，由仓储衍生出的各类跨境供应链增值服务都可以在海外仓得到实现。海外仓原本作为供应商到海外消费者这个链条的一个环节，发展到现在的仓配一体服务，使供应商到海外消费者的中间环节不断缩短，保障了汽车跨境供应链服务的运作效率。

9.2.2　基于海外仓的综合跨境供应链服务平台

1. 数字化平台支撑订单驱动的跨境供应链模式

汽车与装备制造业的跨境供应链模式同样离不开数字化平台的建设，随着各个行业的数字化转型升级，综合跨境供应链服务平台的搭建推动了海外仓功能的拓展与延伸。跨境供应链综合服务平台的建设能够将跨境贸易每个环节的信息集中到服务平台上，进行数字化管理与分析。跨境供应链服务平台以海外仓为硬件支撑，由上游系统、订单管理、仓储管理和计费管理等子系统组成，为供应链上的供应商、物流商和消费者提供信息化服务，有效实现订单信息、商品信息与物流信息的共享。

有汽车及其装备需求的消费者通过综合服务平台下单，订单管理系统将各渠道订单收集汇总，并对订单进行分类，识别异常的订单，将正常的订单拆单寻仓，交付给相应的仓储管理系统，同时将信息传递给计费系统和上游物流和供应商系统处理；仓储管理系统驱动物流系统进行集货、运输、配送等服务，实现全流程信息可视化。综合服务平台提高了订单的处理效率，对汽车订单的快速响应使库存成本降低，信息化的流程使顾客能够更精准地得知提货时间，减少跨境远距离供应链的信息延迟与不确定性。汽车跨境供应链综合服务平台架构如图 9-2 所示。

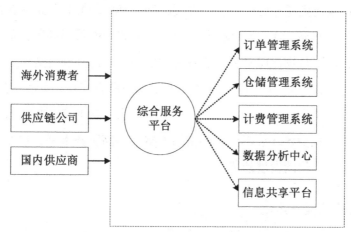

图 9-2　汽车跨境供应链综合服务平台

2. 信息共享，协同管理

综合跨境供应链服务平台还可以实现汽车供应商、物流商和分销商的信息共享与协同管理。在汽车与装备制造业中，信息不对称会造成较大的损失，这个问题在跨境供应链中将更加明显，综合服务平台能将各个节点的企业信息数字化，实现云端共享，同时也能使供应链上的企业协同管理整个汽车跨境贸易流程，减少信息的不确定性。大数据平台通过对行业中消费者的订单收集和分析，能更准确地预测消费者需求，使得汽车与装备制造业的数字化发展能够真正落地实施。

9.3 汽车与装备制造业跨境供应链发展趋势

9.3.1 跨境供应链整合一体化发展

1. 资源整合一体化

在"一带一路"的战略下，跨境供应链的发展和海外仓的建设日趋成熟，汽车与装备制造业供应链的功能在逐渐以物流配送为中间节点向两端延伸，最终形成供应链资源整合一体化的发展趋势，其中跨境服务企业在行业中的战略地位日渐凸显。库存一体化是供应链资源整合的重要环节，基于海外仓这一实体，可以从物流服务中拓展各类增值服务。海外仓将进一步发展为整个供应链的库存中心，整合海外多个仓库，形成联合库存，实现库存一体化。海外仓作为跨境供应链的库存中心，促进整个供应链的资源整合与协调，降低运营成本，减少各环节不必要的资源浪费，提高服务水平，进而形成跨境供应链资源一体化的发展趋势。

2. 运营流程一体化

随着互联网的发展，供应商、跨境供应链公司以及分销商、消费者之间的信息共享度大大提高，这将会使跨境供应链呈现运营流程一体化的发展趋势。一方面，跨境信息平台加快了订单的响应速度，海外仓使得汽车及其装备能够集货运输，提高汽车物流资源的调度效率；另一方面，以海外仓为基础提供汽车展示、买车咨询、零部件直销等各类增值服务能够下沉市场，整合供应链末端的物流商与分销商，与海外消费者进行及时、顺畅的交流，准确接收消费者的多样化需求，并迅速反馈。通过跨境信息共享平台与智能化设备，跨境供应链各节点能够有效连接，各环节运营更加顺畅，服务效率提高，汽车与装备制造业供应链运营实现集约化与规模化。

9.3.2 跨境供应链平台建设智慧化

随着各种先进技术的推广和数字化软件的应用,智慧化信息管理模式必将成为跨境供应链管理的重要支撑。汽车及其装备跨境供应链耗时较长,环节较多,整个过程比普通供应链更加多变,由于汽车及其装备的特殊性,供应链的不确定性会给汽车跨境贸易过程带来更多的风险,汽车与装备制造业跨境业务运营的不恰当会给各节点的企业带来更大的损失,因此服务平台建设智慧化将是汽车与装备制造业跨境贸易的重要发展趋势,以实现对整个供应链的协调与控制。

1. 订单快速响应

智慧化服务平台的建设能够指导整个供应链运营过程,各个节点的信息共享能够降低信息失真带来的风险。智慧化平台的建设为供应链资源的整合与优化提供了重要的技术支撑,使得汽车及其装备的跨境供应链贸易能够像其他跨境商品贸易一样,做到快速响应、各节点协同管理订单,提高跨境贸易的效率。

2. 分析和预测准确

智慧化平台的数据中心会对已有的数据进行分析,找出汽车与装备制造业跨境供应链中存在的问题并及时优化,对已有的订单收集处理,预测消费者的需求,有效缓解牛鞭效应,降低由于需求预测不准确造成的生产成本、库存成本的浪费,起到降本增效的作用。

9.3.3 汽车与装备制造业跨境供应链产品多元化

汽车与装备制造业门槛较高、跨境贸易时间比一般商品长,并且海外市场的政策与环境多变,汽车跨境供应链资金流也相对缓慢,这会增加供应链资金流过程中的风险。为了加速资金回笼,提高资金流动效率,稳固跨境供应链资金流动,同时为了打造跨境供应链贸易品牌,扩大消费群体,汽车与装备制造业的各类商品也在向多元化发展。

1. 二手车的跨境贸易迎来发展机遇

二手车的跨境贸易是汽车与装备制造业多元化发展的表现之一。研究数据表明，发展中国家，尤其是"一带一路"沿线国家和地区，对二手车有稳定需求，而国内二手车资源优质，数量多，因此二手车的跨境贸易迎来了重要的发展机遇。随着国家二手车政策的发布以及试点工作的展开，随着汽车与装备制造业跨境供应链体系的完善，二手车出口可以借助汽车行业跨境供应链的资源，建立完善的二手车跨境贸易链。从订单驱动的国内收车、检测与装备维修，到跨境运输、海外仓储以及海外销售与售后服务体系建立，包括全流程的数字化平台信息共享与金融服务系统搭建，都能在原汽车跨境供应链服务的基础上得以延伸，丰富跨境汽车与装备制造业的商品类别，形成该行业下的一个子产业，促进汽车与装备制造业跨境贸易的多元化发展。二手车跨境出口产业链如图 9-3 所示。

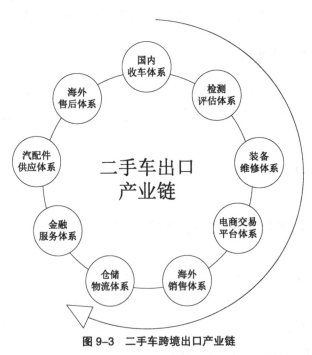

图 9-3　二手车跨境出口产业链

2. 汽车与装备制造业中快销品的跨境贸易

快销品的跨境贸易有利于汽车与装备制造业市场的拓展。将汽车零部件、周边小商品、生活必需品等快销品集货运输，在智能海外仓内存储，通过综合服务平台销售，也将成为汽车与装备制造业多元化的发展趋势。汽车的周边商品以快销品的形式实现跨境贸易，能够加速汽车与装备制造业的供应链资金流通，扩展供应链功能，促进汽车跨境供应链金融服务的发展。同时，快销品的跨境贸易能稳固汽车跨境供应链的运营流程，获得更多的运营经验，为消费者提供更多元化的商品与服务，吸引更多的潜在消费者。

总的来说，汽车与装备制造业的跨境供应链各个环节会不断整合，并逐渐转向需求拉动，而数据与信息平台的出现也将推动跨境供应链的整合，提高整体运作效率。汽车与装备制造业作为传统行业的代表，将与跨境物流不断融合，给海内外消费者带来更便携、更智能的消费体验。

9.4　参考文献

[1]　李骏鹤，李学工. 跨境生鲜电商冷链物流海外仓模式创新研究 [J]. 物流技术与应用，2021，26（S1）：72-75.

[2]　崔忠付. 我国物流与供应链及其信息化发展的特点与趋势 [J]. 供应链管理，2021，2（6）：5-10.

[3]　高运胜，孙露，张玉连. 新冠疫情全球蔓延对我国汽车产业链的冲击与机遇 [J]. 国际贸易，2020（11）：36-44.

[4]　陈志. 新冠疫情下我国 15 大制造业全球供应链风险分析与对策建议 [J]. 科技中国，2020（8）：1-6.

[5]　喜崇彬. 新形势下我国先进制造业全球供应链和物流体系建设 [J]. 物流技术与应用，2019，24（11）：116-117.

[6]　纪楠. "一带一路" 倡议下的我国物流与供应链整合研究 [J]. 中国商论，2020（4）：14-15.

[7] 宋军.解体与重构：全球供应链变革及其对中国的启示 [J].区域金融研究，2019
（12）：5-14.

[8] 鲁旭.基于跨境供应链整合的第三方物流海外仓建设 [J].中国流通经济，2016，30
（3）：32-38.

[9] 成蓬蓬，黄清霞.订单驱动的"神农田园"供应链结构模式分析 [J].物流科技，
2020，43（1）：144-146.

[10] 李陶然.以制造企业订单驱动为基础的供应链模型构建 [J].物流技术，2014，33
（17）：359-361.

[11] 张仲颖."一带一路"背景下中国二手车出口业务发展探析 [J].农村经济与科技，
2020，31（6）：85-86.

[12] 鲁旭.基于跨境供应链整合的第三方物流海外仓建设 [J].中国流通经济，2016，30
（3）：32-38.

[13] 孙炳能，高古月，明新国，等.基于节能空调压缩机供应链的产供销一体化网络化
协同 [J].机械设计与研究，2021，37（3）：161-166.

[14] 雷婷婷.智慧物流在制造企业供应链建设中的策略研究 [J].商展经济，2021（11）：
67-69.

10

第 10 章

钢铁供应链电商发展报告

厦门建发股份有限公司（钢铁集团）

陈晨

　　国内钢铁行业在经历供给侧结构性改革、环保限产、碳达峰碳中和、兼并重组等一系列变革后，仍然存在生产经营方式传统、产业智能化程度低、信息不对称、融资困难等问题。伴随着"互联网+"的时代浪潮，不少传统钢铁企业积极向数字化借力，本章以三大代表性钢铁互联网电商平台为例，通过分析和对比各大钢铁电商平台的异同、各自优劣势，为钢铁供应链行业及该领域的公司提供参考。

10.1　钢铁行业背景及现状

10.1.1　防范钢铁产能过剩的压力还将长期存在

1. 粗钢产量创历史新高

　　国家统计局 2021 年 1 月 18 日公布的数据显示，2020 年我国粗钢产量达 10.5 亿吨，同比增长 5.2%[1]。2020 年全年我国粗钢产量首次突破 10 亿吨，创历史新高。2021 年 1—10 月，全国累计粗钢产量 87 705 万吨，同比下降 0.7%[2]。粗钢产量攀升势头在短期内较难有效控制，产能过剩压力还将长期存在。

2. 受疫情影响，钢材库存节节攀升

　　从国内钢材社会库存和钢厂库存来看，钢材需求由于受到疫情影响，

2020 年上半年出现阶段性停滞，导致 2020 年钢材社会库存和钢厂库存在 3 月分别创出 2 600 万吨、1 350 万吨的历史高位 [3]。随着国内疫情逐渐趋稳、逆周期政策发力，钢材需求恢复增长，钢材库存随之回落，但同比仍居高位。截至 2020 年 11 月底，主要钢材品种社会库存同比仍然增长 30% 以上。2021 年 8 月下旬，20 个城市 5 大品种钢材社会库存 1 174 万吨，环比 7 月减少 18 万吨，下降 1.5%；相比年初增加 444 万吨，上升 60.8%[4]。

3. 钢材价格走势将带动钢材生产产量

从钢价走势来看，2020 年钢价呈现出明显的 "V" 形走势，并于 2021 年继续一路上涨。2020 年一季度受疫情冲击，钢价大幅下降；5 月后，随着国内疫情趋稳和稳增长政策逐渐发力，钢价开始反弹。截至 2020 年 11 月 30 日，Myspic（全称为 My steel price indices of China，即中国钢材价格指数），价格指数考虑板材钢材消费权重及华东、华南、华中、华北、西南、东北、西北七个行政区域钢材消费权重从年初最高 105.48 点下滑至最低 96.62 点，降幅 8.39%；下半年最高反弹至 124.52 点，比最低点高出 28.87%[5]。2021 年 1—9 月，伴随着钢材价格的不断推高，钢材产量也水涨船高。根据国家统计局数据显示，全国粗钢产量 80589 万吨，同比增长 2.0%[6]。

4. 2021 年反转，国际钢材进口出现倒灌现象

根据冶金工业规划研究院 2020 年 12 月 21 日发布的《2021 年中国钢铁需求预测成果》，从全球格局来看，2020 年全球钢材消费量为 17.47 亿吨，同比下降 2.5%；除亚洲钢材需求量小幅增长 1.7% 外，中东、北美、非洲等区域均出现 "两位数" 下滑 [7]。根据海关总署的数据，2020 年我国累计出口钢材 5 367.1 万吨，同比下降 16.5%；累计进口钢材 2 023.3 万吨，同比上升 64.4%。这说明新冠肺炎疫情影响下的海外钢市消费较低迷，钢价低于中国国内市场，从而导致中国进口量的增加 [8]。相反，2021 年 1—10 月，中国累计出口钢材 5 751.8 万吨，同比增长 29.5%；2021 年 1—10 月，中国累计进口钢材 1 184.3 万吨，同比下降 30.3%[9]。国际钢材市场货紧价扬，尤其

是欧美国家钢材价格远超国内水平，由此增加了中国钢材出口吸引力。

5. 钢铁行业产能利用率不高

Mysteel（我国的钢铁网）数据显示，2021 年上半年全国平均产能利用率为 64.7%，年同比增长 1.5%[10]。同时期的美国钢材产能利用率相对较高，且利用率还处于不断提升状态。数据显示：截至 2021 年 12 月 11 日，2021 年美国累计粗钢产量为 8 989.9 万吨，产能利用率为 81.6%，同比增长 19.4%[11]。从数据来看，虽然我国国内产能利用率同比增长，但是相比发达国家的利用率而言还有很大差距。可见，近几年国家大力推进供给侧结构性改革、淘汰落后产能、化解和防范产能过剩、鼓励兼并重组方面初见成效，但是产能过剩的压力依旧存在，未来钢铁行业还需转变生产方式，从以生产带动需求模式，转变为需求驱动生产的模式，要从粗放式生产向精准匹配需求的模式转变，这需要整个钢铁供应链的整体驱动。

10.1.2　原料价格高位徘徊，成本难以下降

2021 年，中国钢铁原料价格保持高位运行态势，特别是铁矿石、焦炭价格一路高涨，居高不下。

1. 铁矿石价格保持强势

我国铁矿储量大，但品位低，开采难度大，而钢铁需求量却很高，导致我国的铁矿石主要依赖进口，总进口量占我国消费铁矿石总量的八成以上，是世界上最大的铁矿石进口国。国际铁矿石市场具有明显的寡头垄断特征，我国铁矿石进口量全球第一，三大矿山常常会利用各种因素进行炒作，制造供应短缺的假象，推高铁矿石价格。据中商产业研究院数据库显示，2021 年 3 月，中国铁矿砂及其精矿进口量为 10 210.9 万吨，同比增长 8%；从金额方面来看，2021 年 3 月，中国铁矿砂及其精矿进口额为 1 638 710 万美元，同比增长 77.7%[12]。可见，2021 年铁矿石价格相比 2020 年呈现较大涨幅。

2. 焦炭价格持续上涨

2021 年 1 月，焦炭价格为 1 400 元 / 吨，10 月焦炭价格为 4 100 元 / 吨，增长 192%，环比增长率为 222.8%[13]。钢铁价格与焦炭价格息息相关，钢铁行业对焦炭的消费量占全国总消费量近 90%，可以说，对焦炭市场直接影响最大的是钢铁工业的发展。国际焦炭进口方面，基于环保原因以及国家战略需求，2020 年中国暂停从澳大利亚进口煤炭，而蒙古国煤受疫情影响通关量也急剧下降；国内方面，受各地淘汰落后焦炭产能等政策影响，山西安全、环保检查停限产频繁，内蒙古乌海地区受能耗政策影响限产严格，国内焦煤供应形势不乐观；叠加焦炭港口库存相对低位，焦炭出现阶段性供应偏紧，焦炭价格自 2020 年 7 月开始上行，上涨势头锐不可当。

3. 废钢替代效应逐步增强

2021 年 1 月 1 日《再生钢铁原料》（GB/T 39733—2020）国家标准正式开始实施，废钢是替代铁矿石的重要原料，是再生钢铁原料，不属于固体废物，可自由进口该产品。该标准一出将最大限度挖掘国际和国内再生钢铁原料资源，提高铁素资源循环利用率，增加钢铁企业有效选项，一定程度上抑制对铁矿石的使用和价格的上涨。我国于 2021 年年初放开再生钢铁原料进口，相关企业积极拓展海外资源，一批批订单资源顺利通关，1—7 月，累计进口 42 万吨。尽管规模尚小，但进口格局初步形成，后期进口量有望逐步增加[14]。《“十四五”循环经济发展规划》明确，2025 年废钢利用量达到 3.2 亿吨，表明废钢利用量将稳步提升。

10.1.3　碳达峰、碳中和、实现钢铁行业高质量发展成为行业热词

1. 钢铁产业节能减排进程加速

我国钢铁行业在制造业 31 个门类中碳排放量最大，粗钢产量占全球粗钢产量一半以上。据中国钢铁工业协会统计数据显示，截至 2020 年 11 月底，

全国共有 237 家企业 6.5 亿吨左右粗钢产能已完成或正在实施超低排放改造，圆满完成阶段性目标[15]。

为推进钢铁企业超低排放改造，自 2021 年 1 月 1 日起，山西、江苏两省开始实施差别化电价，并对未完成超低排放改造及改造未达标的企业实施分阶段分层次加价。通过价格手段引导钢铁行业超低排放，实现全流程、全过程环境管理，对大幅削减主要大气污染物排放，推动钢铁行业高质量发展、促进产业转型升级、助力打赢蓝天保卫战具有重要意义。2021 年超低排放改造的深入推进，使更多钢铁企业污染物排放得到有效控制，助力钢铁工业实现绿色发展。

2. 碳达峰、碳中和相关政策

2020 年 9 月 22 日，习近平总书记在第七十五届联合国大会一般性辩论上的讲话中表示，中国将提高国家自主贡献力度，采取更加有力的政策和措施，二氧化碳排放力争于 2030 年前达到峰值，努力争取 2060 年前实现碳中和。对此，工业和信息化部 2021 年主要从四个方面促进钢铁产量的压减：一是严禁新增钢铁产能；二是完善相关的政策措施，进一步指导巩固钢铁去产能的工作成效；三是推进钢铁行业兼并重组，提高行业集中度；四是坚决压缩钢铁产量，着眼于实现碳达峰、碳中和阶段性目标，研究制定相关工作方案，确保 2021 年全面实现钢铁产量同比的下降[16]。

3. 上市钢企积极发挥"头雁效应"

上市钢企作为钢铁行业优秀企业的代表，纷纷带头，积极发挥"头雁效应"：中国宝武钢铁集团有限公司 2021 年 1 月发布碳减排宣言，力争 2023 年实现碳达峰，2025 年具备减碳 30% 工艺技术能力，2035 年力争减碳 30%，2050 年力争实现碳中和；河钢集团 2020 年 3 月发布低碳绿色发展行动计划，提出碳达峰、碳中和的时间表和路线图，2022 年实现碳达峰，2025 年碳排放量较峰值降 10% 以上，2030 年碳排放量较峰值降 30% 以上，2050 年实现碳中和；华菱钢铁在 2021 年经营计划中表示，将建立稳定的环境保护资金投入机制，进一步整治厂区环境和生产线环境，按照超低排放标准以及碳达峰、碳中和的目标要求进行环保设施升级改造，进一步优化原料、工艺和能源结构，突破低碳工艺技术"瓶颈"，从根本上削减"三废"排放；鞍钢股份在其 2020 年年报中表示，将积极践行碳达峰、碳中和实施纲要，力争在辽宁省钢铁行业率先实现碳达峰、碳中和目标。

10.1.4　龙头企业兼并重组加速，行业集中度不断提高

1. 国际钢铁企业兼并重组起步较早

自 20 世纪 90 年代以来，发达国家由于钢铁消费强度减弱，钢材市场供大于求的矛盾突出。日趋激烈的外部竞争环境促使钢材企业寻求合作垄断，尤其在欧洲、美国、日本、韩国等主要钢铁生产国家（地区），兼并重组盛行，钢铁产业集中度明显提高。欧洲方面，1997 年，德国蒂森公司和克虏伯合并成为当今的钢铁大王——蒂森克虏伯公司；1999 年，英钢联和荷兰霍高文公司合并成克虏斯公司；2001 年，法国于齐诺尔、卢森堡阿尔贝德和西班牙阿希雷利亚三家企业联合重组为阿塞勒公司；美国兼并步伐晚于欧洲，2007 年最大的四家钢铁公司产量合计占美国总产量的 52.9%，比 1999 年的 37.9% 提高了 15 个百分点；日本将原有 50 多家钢铁企业，经过几轮的兼并、联合，调整为以新日铁、NKK、川崎、住友金属和神户五大联合企业为主的格局；韩国钢铁集中度较高，2007 年韩国的仁川制铁公司、江原工业公司宣布联合，第一大钢铁公司浦项也积极寻求与国际上竞争对手的合作与联盟。

2. 2020 年以来我国钢铁行业兼并重组加速

我国钢铁行业兼并重组起步较晚。2020 年以来，钢铁行业兼并重组加速，钢铁企业集中度进一步提升。表 10-1 为笔者整理的我国钢铁行业兼并重组情况。

表 10-1　我国钢铁行业兼并重组情况

时间	兼并重组情况
2020 年 2 月	敬业集团重组云南永昌
2020 年 5 月	达钢完成司法重整，正式加盟方大集团
2020 年 6 月	建龙对山西海威钢铁实行托管
2020 年 8 月	山西省国有资本运营有限公司与中国宝武签署太原钢铁（集团）有限公司股权划转协议，将太原钢铁集团 51% 股权无偿划转给中国宝武
2020 年 8 月	裕华钢铁公司先后收购了武安华冶水泥、峰峰华信特钢、冀南钢铁集团、文丰钢铁、河北兴华钢铁、唐山港陆钢铁、山西裕富焦化、山西宝山矿业集团等 8 家企业，组建了新冀南钢铁集团
2020 年 9 月	敬业集团接管广东泰都钢铁
2020 年 9 月	重庆钢铁股份有限公司发布《关于股东权益变动暨实际控制人变更的提示性公告》，其实际控制人由四源合股权投资管理有限公司变更为中国宝武钢铁集团有限公司
2020 年 10 月	宝武集团托管中钢集团
2020 年 11 月	新疆天山钢铁联合有限公司收购新疆伊犁钢铁有限公司
2021 年 7 月	河北普阳钢铁有限公司完成对邢钢的股权重组
2021 年 8 月	沙钢永兴材料公司收购汇鑫特钢公司产能
2021 年 8 月	唐山市德龙钢铁有限公司与迁安市九江线材有限责任公司达成战略合作协议
2021 年 8 月	鞍钢重组本钢

10.2　当前我国钢铁电商供应链发展现状

2021 年以来，特别是伴随着 2020 年新冠肺炎疫情催生的线上经济热，我国钢铁电商进入成熟阶段，加上前期的建设基础，钢铁电商开始初步构建"智慧供应链金融生态体系"。这是一种基于云计算和大数据创建金融生态系，通过各个平台智慧的衔接，使得金融能真正服务于整个智慧供应链的各类主体。

10.2.1　钢铁产品线上交易规模不断增大

国家统计局 2021 年曾统计：2020 年全年钢铁线上交易规模为 6 952 亿元、2021 年全年预计将达到 8 150 亿元，增幅达到 17%；其中 2020 年钢厂产业互联网物流市场规模为 494 亿元，预计 2021 年全年将达到 620 亿元。

艾瑞 2020 年曾预计，未来四年钢铁线上交易市场规模年均复合增长率约为 12.4%，2024 年中国钢铁线上交易市场规模约达 2.9 亿吨，线上渗透率将达到 14.6%[17]。图 10-1 所示为 2015—2024 年中国钢铁产业互联网规模结构图。

图 10-1　2015—2024 年中国钢铁产业互联网规模结构图

10.2.2　钢铁电商平台的自建比例相对较高

中国物流与采购联合会钢铁物流专委会根据电商平台投资类型分析，钢厂自建的销售平台所占比例最大为 37.4%，其次依次为资讯网站交易平台占 22.7%、大型钢贸商交易平台占 19.5%，纯第三方电商平台占 16.2%，其他占 4.2%[18]。钢厂自建和大型钢贸商建立的平台所占比重超过五成。钢厂自建电商平台如宝武系列的"欧冶云商"、鞍钢系列的"鞍钢电商"、日照系列的"日照钢铁"等都属于大型钢厂的自建电商平台；大型钢贸商的平台，典型的如钢银电商、找钢网等。

10.2.3　钢铁电商建设呈现地区发展不平衡的态势

我国电商平台主要集中在江浙沪、北京、广东等几个经济比较发达的地区，其中以上海为最多[19]。这主要取决于以下几个因素：第一，江浙沪等地区互联网发达程度较高，成熟的互联网基础、较高的互联网普及率、发达的互联网接受程度为钢铁电商发展奠定基础；第二，资本市场较为发达，越来越多的人通过互联网进行交易，对互联网的信赖程度较高，较为容易形成市场气候；第三，社会发达程度较高，熟人社会关系的文化逐步被打破，业务心态趋于现代化、网络化，对网络交易的戒备心得以打开。

10.2.4 钢厂产品通过电商平台销售的比例占总产量的比重较低

据《中国冶金报》调查显示，在被调查的 20 家钢厂中，大多数钢厂通过电商销售钢材占总产量的比例均处于较低水平，9 家钢厂的比例在 3% 以内，7 家钢厂的比例在 3%~6%，只有 4 家钢厂的比例接近或超过 10%[19]。

10.2.5 标准化建设还有待提升

目前多数平台没有第三方认证机构认证、没有 CA 证书。CA 是证书的签发机构，它是公钥基础设施（Public Key Infrastructure，PKI）的核心。CA 是负责签发证书、认证证书、管理已颁发证书的机关。CA 证书，即数字证书，为实现双方安全通信提供了电子认证（内含公钥和私钥）。数字证书中含有密钥对（公钥和私钥）所有者的识别信息，通过验证识别信息的真伪实现对证书持有者身份的认证。在产品信息标准化、交付流程标准化方面，缺乏与国际接轨的全国统一标准，也缺乏实践性、操作性、针对性较强的法律法规作为保障，部分电商平台管理混乱、交易纠纷频现，推诿扯皮，难以维护市场公开、公正、公平的原则，信誉度大打折扣。

10.2.6 部分电商平台发展规划不合理

电商化建设浪潮引起钢铁行业相关企业一窝蜂冲入电商建设热潮中，但是一些企业实际对其公司的市场定位、行业优势、发展目标定位并不清晰，从而导致平台发展规划不清晰。多数平台都是为了共享电商时代的一杯羹，以提升销量为目的，内部管理系统的外化、销售辅助工具等定位，难以充分发挥电子商务的优势，具有一定的短视性和逐利性，缺乏理性判断。

10.2.7　部分电商平台功能配套不完善

部分电商平台由于刚刚起步或者资金和规模投入不到位，往往具有一定的服务和功能的局限性，比如部分电商平台的交货仓库或者物流配套只能辐射本市或者周边城市，地域性较强，难以吸引距其较远的其他城市的企业进入平台进行交易。甚至有些平台更是具有排他性，受行业准入、渠道限制等因素影响，无法支持完整、多样、多选择的业务流程，难以聚集规模用户。

10.2.8　缺乏行业共享平台引导

钢铁电商平台多达 300 多个，平台功能五花八门，但是往往各自为政，经营自己钢厂品牌产品或者个别几种品牌，品种单一、规模不大、影响力有限、覆盖面小，尚未形成一个权威性的共享、交流平台，成为一个真正的"钢铁大市场"，这种小、散、乱的平台局面将会成为制约钢铁电子商务发展的"瓶颈"。

10.3　国内三家具有代表性的钢铁电商分析

钢银电商、欧冶云商和找钢网是国内位列"前三甲"的钢铁电商主要参与者，三家在国内钢铁电商交易总量中的占比之和，逐步上升至 65%[20]。2018 年，在国内钢铁电商平台市场份额占比中，钢银电商以市场占比 34%，位居第一；第二是找钢网，市场占比 16%；第三是欧冶云商，市场占比 14%，其他企业占比 36%[21]，详见图 10-2。

图 10-2 钢铁电商平台市场份额占比图

10.3.1 三家主流钢铁电商平台对比

表 10-2 是笔者整理的三家钢铁电商平台的对比结果。

表 10-2 三家钢铁电商平台对比结果

分类	项目	钢银平台	找钢网	欧冶云商
经营起家	传统模式	"我的钢铁网"资讯服务的网站	自营零售、撮合服务、贸易商联营	宝武钢铁系列
金融服务	金融产品	"帮你采""随你押""任你花""为你赚"	"胖猫白条""胖猫易采""胖猫票据""债券保理化"	供应链融资、买方融资、存货融资/第三方支付外部市场（东方付通牌照）
风险管控	信用管理	—	—	征信共享平台/"技防+人防"的管控体系
物流管控	物流配套	第四方物流交易平台/钢银云仓	"胖猫物流"/智能云仓储	运帮平台
	物流管理	TMS 管理系统	全程可视化监管	"平台+生态圈"模式
	物流监管	全程可视化	全程可视化/线上结算	—

续表

分类	项目	钢银平台	找钢网	欧冶云商
物流管控	物流监管设备	App 监控、GPS 全球定位系统	—	云端验证
	网点布局	—	全国设置 42 个分站点＋海外布局	"千仓计划"＋海外仓储服务
	物流节省成本	物流服务竞价	物流服务竞价	物流服务竞价
	物流特色服务	条形码入库	服务标准化、价格透明化	"定班轮"业务模式
加工服务	加工服务	物流加工服务平台	物流、仓储、加工在线一体化的供应链服务	仓储、加工、物流配送服务

10.3.2　三家主流钢铁电商平台功能介绍

1. 钢银平台功能介绍

表 10-3 所示为钢银平台的功能介绍。

表 10-3　钢银平台功能介绍

产品	对应科目	解释	优势
帮你采	预付	为下游企业提供代垫资、代采购服务，属于预付款类融资模式	相比于银行贷款而言，是具体到单个客商、单票业务的资信授权
随你押	存货	上家将钢材存放在钢银平台指定的仓库，钢银平台向商家预付部分采购货款，并在未来一段时间内由钢银平台向第三方销售	相比传统方式将货物质押给银行，钢银平台能够随行就市，根据当前货物的市场价格评估货物的价值，并且在质押的过程中，还为货物销售提供平台，并配以云仓库提供"供应链＋寄售"的业务模式
任你花	应收	平台授权下游客户一定赊销额度，下游客户实现先提货后付款的一种服务模式	相较银行的传统信贷，提供较少的资料、在较快的时间内拥有货物，且提供 7 天免息政策
为你赚	预收、应付	钢银平台为本平台会员打造的账户资金增值服务产品	提供多元的服务方式，增加客户黏性，提供增值服务
订单融	托盘业务	平台提供一款现货保证金交易业务，使客户能够超出自身所拥有的资金力量进行大宗交易	为客户提供资金服务，增加客户购买力

2. 找钢网功能介绍

表 10-4 所示为找钢网的功能介绍。

表 10-4 找钢网功能介绍

产品	细分产品	解释	优势
自营零售	钢厂自营	调整链条为：钢厂—找钢网—零售商—终端客户	取消代理、经销商环节，减少层层加价、信息不透明
	钢厂保价代销	钢厂以货权转移的方式交由找钢网进行销售，进而取得货物相应的资金，找钢网在一段规定期限内以不低于钢厂指定价格销售，溢价部分归找钢网所得，期限截止后未销售部分双方约定由钢厂按采购价格回购	增加与钢厂的合作，盘活钢厂资源，以较为灵活的方式进行自营零售且风险可控
撮合服务	撮合服务	为收集客户和终端的订单需求提供平台，并进行需求匹配，实现信息对接	通过撮合，形成一定规模优势的需求订单后，再向钢厂或市场贸易商以适合价格采购，从而部分降低终端实际采购价格
贸易商联营	贸易商联营	钢厂—贸易商—找钢网—零售商—终端客户	更灵活，本应向钢厂预付采购的，部分改为向贸易商采购，能够较好地、便捷地服务客户需求
金融服务	胖猫票据	找钢网全线支持银行承兑汇票结算，依托于上海总部及全国 26 家分支机构和强大的信息处理能力，为客户提供安全、高效、合规的票据结算及票据融资服务	满足持票企业多层次的业务需求
	胖猫易采	提供企业采购和代企业订货两种方式	为下游采购商提供高效便捷的供应链融资服务
	胖猫白条	"先提货，后付款"的信用赊销服务	缓解客户资金压力，提升客户采购效率

3. 欧冶云商功能介绍

背靠宝武集团，打造"平台＋生态圈模式"，欧冶云商是集电商、供应链金融、仓储运输加工、数据服务等为一体的生态圈闭环服务体系。表 10-5 所示为欧冶云商的功能介绍。

表 10-5　欧冶云商功能介绍

项目	介绍
全产业链服务	已经形成电商、物流、金融、材料、数据、东方钢铁、国际、采购、资讯、化工等 10 个子平台，基本形成全产业链服务能力
电商交易平台	已经形成钢铁产品、大宗原燃料、备品备件和工程机械采购、煤化工、循环物资和跨境业务 6 个电商交易平台，基本形成了钢铁产业链全品种、全流程、全地域、全体系的服务平台架构
支撑服务平台	金融服务平台、物流加工服务平台、数据服务平台、技术服务平台、资讯服务平台的整合，为供应链生态圈的闭环运作提供了强有力的支撑
欧冶金服	是一个金融科技平台，一端对接欧冶电商、欧冶物流等，一端对接众多银行。整合客户的银票、商票、应收等各种资产，以数字化实现资产的动态管理与转换
加工服务	全年共实现 188 家加工中心加盟，其中社会加工中心 159 家，宝武加工中心 29 家
运输服务	依托运帮平台，累计整合 1 832 家承运商、2.5 万多辆运输车辆，注册委托方达到 4 000 多家，并创新专线、专营店等服务产品，积极拓展乐从站等区域市场，全年交易量达到 1 741 万吨，日均交易量达到 6.5 万吨以上
仓储服务	全年实现 1 208 家系统覆盖库布局，同时通过管理输出、仓库评级等手段，实现管理加盟库 311 家、绿融库 162 家，且在海外仓储布局上取得突破，实现 4 个东南亚海外仓签约

10.3.3　三家主流钢铁电商平台共同点

1. 通过整合供应链相关资源，提升服务质量，延伸产业链

都是通过整合产业链上资金流、信息流、商流和物流"四流合一"，通过审核交易、担保物和融资需求的真实性，来为用户提供全方位、多层次、安全、高效的线上供应链金融服务。

2. 盘活钢铁供应链资源，撬动行业的发展

在资信方面，上游大型钢铁生产企业是一个资金密集型产业，给供应链钢贸企业造成资金压力；在运营方面，高库存占用了流动资金、轻资产导致银行放贷紧缩等问题普遍困扰钢贸企业；在销售方面，下游中小企业资金持

有量不足，需要通过代垫资方式、赊销方式操作，信用风险较大，一旦行情出现波动下行，可能导致客户抛货。三家主流电商平台都是抓住了钢铁供应链行业在资金方面的需求，通过配套相应的供应链金融模式，盘活钢铁供应链资金资源，带动钢铁供应链行业发展。

3. 建设强大的物流服务体系，配合电商平台发展

钢银启动了钢银云仓，找钢网在全链条中提供了物流配送服务，欧冶云商推出物流加工服务平台。通过强有力的物流服务支撑，实现仓储、物流、监管等全链条的配套服务。引入物流供应商竞争系统，为用户节约物流成本，提供最优物流服务方案；引入信息技术实现全程可视化，保证物流安全可控。其中欧冶云商和找钢网还铺开物流仓储服务网点，欧冶推出"千仓计划"，找钢网在全国设置 42 个分站点。欧冶云商和钢银电商还分别引入"运帮平台"和"第四方物流"，借助社会第三方力量完善物流服务。

10.3.4 三家主流钢铁电商平台的不同之处

1. 信息流获取方面，钢银电商具有更多优势

钢银电商母公司系上海钢联，上海钢联的前身是提供资讯服务的网站——"我的钢铁网"，我的钢铁网经过多年的发展积累了大量客源及信息基础。找钢网的信息流来源主要是其电商平台上的自营和撮合业务，数据获取的渠道相对狭窄。欧冶云商主要以倚靠宝武系列为背景，相对于前述的互联网行业起家的网站而言，在网络数据方面，起步晚，短板较为明显。

2. 资金服务方面，钢银电商创造性为客户提供增值服务，扩宽服务边界

钢银创造性地开发了"为你赚"增值产品，旨在为客户提供账户闲置资金增值服务，帮助客户合理配置闲置资金，提高资金回报率，让资金富

余与资金短缺相衔接，盘活行业资金，形成供应链闭环，增加客户黏性。

3. 资金获取方面，找钢网的资金来源渠道相对广阔

找钢网的胖猫金融首先通过"白条""票融"给企业提供融资，然后把债券卖给保理公司回笼资金，实现资金闭环，保理公司将保理资产证券化，以胖猫理财的形式再销售给公众，实现社会的融资参与。该种模式下，找钢网不太需要依赖与商业银行等金融机构的合作，就能够通过钢铁供应链行业内循环的方式解决资金来源问题。

4. 风险管理方面，钢银电商的风险管控体系较为全面

钢银电商的风险管控包括 BCS（全称为 Banksteel Credit System，即钢银电商供应链金融风控体系，该体系引入参与人的概念，把相关的信息纳入指标体系，打通 B 类（企业）和 C 类（个人）的信息，完整重现交易闭环的各个方面。以 BCS 体系作为底层指标系统，根据不同应用场景提取关联指标进行针对性的子模型设计，在验证数据可行性的同时也对应用的推广进行较好的实践。）信用模型，打通 B 类（企业）和 C 类（个人）的信息，重现交易闭环。针对会员企业推出"钢银 3+3 会员评分"模式，即包括注册信息、实控人信息、征信记录，加上"平台行为、平台履约、产品使用记录"，形成灵活的风控模型。而欧冶云商，将云端验证作为风控的有效手段，积极探索建立征信共享平台。

5. 仓储物流管理方面，三家电商平台各具特色

钢银网的第四方物流交易平台，利用 TMS（运输管理系统），实现平台、承运商和客户的无缝对接，货主与承运商自有报价接单，盘活市场闲置的物流资源，也能降低运输成本。欧冶云商的"欧冶运帮"平台，是集物流交易、物流服务、物流作业为一体的公共服务平台，为用户提供个性化服务；欧冶云商重视线下仓储布局，推出了"千仓计划"并积极扩展海外仓储服务，在运输能力上整合 1 832 家承运商和 2.5 万辆车辆，提升了服务效率。找钢网

的"胖猫物流"则加强全国的站点、线路布置，力求在全国范围内提供运输、仓储、加工一站式解决各方物流需求的方案。找钢网还提供标准化服务，争取用效率吸引客户，如 15 分钟报价、24 小时客服专线、代验货服务等。

6. 在客户基础方面，三家平台的突出特色各有不同

钢银电商具有客户量大的优势，但客户黏性不强，多为中小散户，这些散户往往随着行情变动会出现较大波动；找钢网是国内最早的互联网领军企业，由于其前期主要提供"自营零售""撮合服务""贸易商联营"服务，因此熟悉前述操作模式的客户相对而言，黏性较强；欧冶云商背靠宝武钢铁，具有客户稳定、黏性强的优势，但客源相对狭窄，且由于起步晚，互联网营销操作时间较短，在积累客户方面不如钢银电商灵活高效。

10.4 建立钢铁电商平台对钢铁行业的意义

10.4.1 数字赋能

国家统计局曾公布的数据显示：2020 年全年钢铁线上交易规模为 6 952 亿元，2021 年全年预计将达到 8 150 亿元，2022 年预计达到 9 181 亿元，2023 年预计达到 10 124 亿元，预计未来四年中国钢铁线上交易市场规模约达 2.9 亿吨，线上渗透率将达到 14.6%[17]。因此，从当前各大钢铁电商的运营情况来看，钢铁运营互联网化必定是未来钢铁行业的必由之路。

10.4.2 融资赋能

由于钢铁行业属于大宗商品，数量大、价格高、信贷需求量大、专业性强等特点，银行业往往无法深入行业本身去进行大量授信，加之以客户资质为主要授信着力点而非客户真实的贸易需求，使得银行授信脱离业务本身，贷后管理流于形式，授信金额往往大于实际需求，放大授信风险。钢铁电商平台，正好能够填补该部分空白，通过提供投融资服务产品、风险管控措施，减少银行信贷风险，反过来又增加钢材信贷资本，提升杠杆水平，盘活资源，实现三方共赢。从电商平台本身的收益来看，钢银平台公开年报数据显示：2021 年上半年年度报告，报告期内公司实现营业收入 28.1 亿元，同比增长 18.08%；归属于挂牌公司股东的净利润为 1.48 亿元，同比增长 17.79%。从客户角度而言，增加了融资渠道、方便了融资需求、满足了业务诉求。从银行角度，通过授权给大型电商平台能够方便拥有专业的监管第三方，方便贷款监管。

10.4.3　仓储物流赋能

我国当前钢材物流需求量大、物流服务水平低、专业化水平低、信息化程度低，没有形成统一联动的钢材物流中心。强大的物流仓储能力，能够配套电商平台，提升服务质量，降本增效、创新运输模式、整合物流资源等多重效果，全方位提高了物流服务的交易、运营、资金效率，实现多方共赢。当前各大电商平台加紧物流布点，加大垂直领域服务投入，布局物流网点。以钢银平台为例，截至 2020 年年末，平台企业用户数超过 13 万家，旗下拥有 51 个服务站点。物流服务能力和服务质量的提升为电商平台提供了利润增长点。根据欧浦智网的报告显示，2020 年其仓储业务（2.06%）、综合物流业务（11.28%）的总营业收入占比高达 13.34%，毛利率分别达到 77.26%、10.31%，营业收入仅次欧浦商城业务的营业额占比（74.41%），毛利远高于欧浦商城业务（1.30%）[22]。从客户的角度而言，大部分钢材行业的中小企业是没有自己的独立物流车队及仓储，如果这些工作都需要客户亲力亲为，将大大增加客户的履约阻力。如果平台能够一键实现、一站服务，则将大大增加客户的便利性。

10.4.4　渠道赋能

当前钢铁行业对提质增效要求提高，行业竞争加剧。传统的钢铁运营模式的效率已接近顶峰，人情分、价格战已成为历史，未来效率提升必须引入大数据、物联网等新技术和新模式，通过平台提供金融服务、物流服务、数据服务、期货服务，才能不断提高客户黏度，提升服务质量和扩宽服务边界。从整个行业的角度而言，平台式服务能够大大提高客户的采购便捷度、灵活度。以找钢网的"撮合服务"为例，其以平台开放的方式吸引供需双方参与到平台中，各寻所需，公开透明。不会再因为找代理商、逐家比价而耗费时间和精力。虽然撮合业务并没有成为找钢网的盈利点，但对于整个行业而言是极具创新的一步。无独有偶，乘着电商平台的创新风潮，"日照大宗平台"在平台中加入期货理念和操作方式。该平台具有采购下单功能，下单后后期可进行交割、平仓操作，即可能存在下单后直接平仓而无货物流的金融操作方式，这种操作完全是金融属性的操作，为钢铁贸易金融需求的客户提供了多样的选择渠道。

10.5 未来钢铁电商平台的发展趋势

10.5.1 更加重视大数据运用和开发

大数据时代已经到来，对电商平台来说大数据的重要性毋庸置疑，当前钢铁电商平台未形成零售电商业务的发展规模，但是随着时间的推移、电商规模的发展，数据资源的重要性将日益凸显。交易大数据将成为钢铁行业发展的"金矿"，只需要点石成金的数据挖掘、数据分析，就能让数据指引产品生产、引导库存储备、指引物流布局，这些具有重要意义和现实价值。

10.5.2 电商金融将助力电商平台发展

钢铁行业作为大宗商品，存在中小企业多、资金需求量大等行业特有特质，未来的钢铁电商将更多引入第三方金融机构托底信用风险，提供互联网信贷、供应链金融等金融产品，为客户提供融资债券保理化、证券化等多样化的金融服务，盘活行业资金、提高资金回报率，让电商平台不仅成为一个商品交易的线上平台，更能成为一个集理财、保险、期货等为一体的综合性交易平台。

10.5.3　钢铁电商平台逐步规范化发展

当前钢铁电商平台多存在"小、散、杂"的特点，多为企业自建平台，缺少第三方认证和监管，作为网上交易平台而言，公信力不足。伴随着钢铁线上交易规模的扩大和线上交易模式市场接受度的提高，网络交易纠纷也将日益增加，政府部门、行政执法部门也将纷纷介入监管，甚至提高集中化管理程度，形成权威经营平台，提高监管、加强钢铁电商平台的公信力。

10.5.4　更加重视客户体验的逐步完善

电商平台在告别跑马圈地、大规模地抢夺市场之后，必将进入精细化的优化阶段和市场化营销阶段，钢材产品主要都是标准流通货物，个性化定制产品较少，市场竞争主要集中在客户体验的提升上。因此，以客户为核心、提高运营效率、提高信息化应用水平，将有助于提高客户黏性、提高平台好评率，助力电商平台发展。

10.6　参考文献

[1]　维普期刊专业版 . 2020 年我国粗钢年产量首次突破 10 亿吨 [J]. 企业决策参考，2021（2）：15-16.

[2]　葛昕 . 十一月粗钢日产或有超预期下降 [EB/OL].

[3]　未来智库 . 钢铁行业 2021 年度策略报告 [EB/OL].

[4]　罗忠河 . 我国粗钢限产政策奏效 减产力度持续加大——河北、山东等产钢大省成为减产力 [EB/OL]. [2021-09-22]

[5] 未来智库.钢铁行业 2021 年度策略报告 [R]. 北京：未来智库，2020：15.

[6] 杨青.钢铁行业推进减量提质 9 月份全国粗钢日产水平降至近 3 年来最低值 [EB/OL].

[7] 冶金工业规划研究院，机构预计明年钢铁需求 9.91 亿吨 三大原因导致铁矿石价格持续攀升 [EB/OL].

[8] 左更.2020 年中国钢铁及主要钢铁原料市场回顾及 2021 年展望 [N]. 中国冶金报，2021-02-02：1.

[9] 中商情报网.2021 年 1—10 月中国钢铁行业运行情况：累计粗钢产量实现同比下降 [EB/OL].

[10] 我的钢铁网.工业线材 2021 年上半年市场回顾及下半年展望 [EB/OL].

[11] 钢之家资讯.美国粗钢产量周报（2021 年 12 月 11 日止）[EB/OL].

[12] 中商情报网.2021 年 3 月中国铁矿砂及精矿进口数据统计分析 [EB/OL].

[13] 互联网采集入库.2021 年焦炭价格走势图 [EB/OL].

[14] 我的钢铁网.7 月份再生钢铁原料进口量环比增长 14.76%[EB/OL].

[15] 中钢协：237 家企业约 6.5 亿吨粗钢产能已完成或正在实施超低排放改造 [J]. 企业决策参考，2021（19）：21.

[16] 工业和信息化部新闻发布会，2021 年全面实现钢铁产量同比下降 [EB/OL].

[17] 艾瑞咨询.2020 年中国钢铁产业互联网行业研究报告 [R]. 北京：艾瑞咨询，2020.

[18] 王梓迪.我国钢铁行业 B2B 电商的创新发展探究 [J]. 市场周刊，2018（6）：5.

[19] 南京盛博仪器仪表有限公司.我国钢铁行业存在的问题及发展前景 [EB/OL].

[20] 新华网.国内钢铁电商分销集中度上升：前三甲平台结算交易量占比超六成 [EB/OL].

[21] 财富投资网.2021 年钢铁电商平台现状分析 [EB/OL].

[22] 欧浦智网.欧浦智网报告 [EB/OL].

11

第 11 章

钢铁产业链供应链发展
回顾与展望

鞍山钢铁集团有限公司

侯海云

2021 年是"十四五"规划开局之年，也是我国现代化建设进程中具有特殊重要性的一年。钢铁行业深入学习、坚决贯彻党的十九届五中全会精神，在准确把握新发展阶段、深入贯彻新发展理念、加快构建新发展格局的过程中，准确识变、科学应变、主动求变，继续聚焦全面提升产业链供应链自主可控这一根本任务，坚持绿色发展和智能制造、产业链供应链安全稳定等发展主题，持续推进国际化进程，为实现低碳绿色、高质量发展起稳步、开良局。

11.1　2021年钢铁产业链供应链发展回顾

11.1.1　钢铁行业发展的主要特点

钢铁行业发展主要有五大特点[1]。

1. 铁矿石价格震荡回归

据中国钢铁工业协会数据，2021 年 11 月 12 日，进口铁矿石（62% 品位）到岸价格为 89.18 美元 / 吨，较 9 月底下降 24.8%，较年内最高点 230.59 美元 / 吨下降 61.3%。据海关总署数据，1—10 月，我国累计进口铁矿石 9.33 亿吨，同比下降 4.2%，均价为 175.9 美元 / 吨，同比上涨 73.6%。

2. 累计粗钢产量实现同比下降

自 2021 年 7 月以来，粗钢产量连续 4 月保持同比下降，据国家统计局数据，10 月，全国粗钢产量 7 158 万吨，同比下降 23.3%，日均产量 230.9 万吨，环比下降 6.1%，为 2018 年以来的日产最低。1—10 月，全国累计粗钢产量 8.77 亿吨，同比下降 0.7%，压减粗钢产量工作取得积极成效。

3. 钢材价格持续回落

据中国钢铁工业协会数据，2021 年 11 月 12 日，国内钢材综合价格指数为 136.81 点，较 9 月底下降 13.2%，较 2020 年同期上涨 22.1%；螺纹钢价格为 4 643 元 / 吨，较 9 月底下降 18.6%；热轧卷板价格为 5 009 元 / 吨，较 9 月底下降 14.9%。钢材价格已回落至 2021 年 3 月初水平。

4. 钢材出口环比继续下降

据海关总署数据，2021 年 10 月，我国出口钢材 449.7 万吨，环比下降 8.6%；进口钢材 112.7 万吨，环比下降 10.3%。1—10 月，我国累计出口钢材 5 752 万吨，同比增长 29.5%；累计进口钢材 1 184 万吨，同比下降 30.3%。

5. 钢材企业库存同比略有增长，社会库存同比略有下降

据中国钢铁工业协会统计，2021 年 10 月下旬，重点统计企业钢材库存量为 1 284 万吨，较 9 月下旬增长 7.5%，较 2020 年同期增长 5.7%。20 个城市 5 大品种钢材社会库存 969 万吨，较 9 月下旬下降 9.0%，较 2020 年同期下降 14.0%。

11.1.2 钢铁产业链供应链发展的主要特点

1. 稳定运行发展，关注产业链供应链安全隐患

国内外环境依然错综复杂，钢铁行业稳定运行、提高效益面临较大的压

力，产业链供应链安全稳定仍存在隐患，原因有五点。

一是国际经济形势存在不确定性。2021年由于供给相对不足，国外主要钢铁企业普遍处于盈利高位。新冠病毒迭代变异，国际热钱涌入持续冲击大宗商品价格稳定，国际经贸关系存在诸多不确定性等新形势值得关注。同时，全球钢铁产量增幅也在回落；CRU国际钢材价格指数7月、8月环比上涨1.6%和2.9%，低于二季度平均上涨9.5%的水平。

二是我国经济增速逐步恢复常态，钢铁需求趋缓。从宏观政策看，2021年全年我国经济仍保持稳定增长。但由于2020年经济处于前低后高态势，2021年的经济增长总体表现为前高后低。目前，一些与钢铁消费水平直接相关的重要指标出现了阶段性回落，除了受2020年基数的影响外，实际需求变化也值得高度关注，如全国固定资产投资2021年一季度同比增长25.6%，1—8月为8.9%；房地产投资和基础设施投资增幅也在逐月回落；制造业的挖掘机和汽车产量已是连续数月环比下降。

三是国家产业政策出现重要调整。2021年，国家陆续出台了多项对行业影响深远的产业政策，如2021年两次调整钢铁产品进出口政策，要求国内钢铁生产要优先满足国内需求。尤其是国家制定的2021年粗钢产量同比下降的目标，对各地区、各企业生产安排和行业经济运行带来的影响巨大，目前已经产生显著的正面效应。

四是产业链供应链安全稳定亟待加强。保证资源、能源安全的重要性尤为突出，不仅影响到企业的成本效益，更是关系行业持续健康发展的战略问题。受粗钢产量下降影响，铁矿价格已明显下降，不过目前还在波动，需要密切关注。同时，另据中国钢铁工业协会监测，1—8月废钢价格同比上涨45.5%，焦炭价格上涨48.9%，炼焦煤价格上涨40.7%。尤其是8月、9月，焦炭、炼焦煤价格不仅大幅上涨，而且供应紧张，钢铁企业保持生产经营稳定的压力增大。

五是钢铁减污降碳约束更趋严格。目前，钢铁行业碳达峰实施方案等相关规划和政策文件正在制订中，中国钢铁工业协会也提出了在2030年前、争取在"十四五"期间实现碳达峰的工作目标。为实现绿色低碳发展目标，钢铁企业需要更大的资金投入，运行成本也会随之上升；需承受很多发展压力，付出更多努力，也有很多发展机会。[2]

2. 实施智能制造，增强供应链创新发展新动能

随着"工业 4.0"时代的来临，制造技术正逐步从自动化、数字化、网络化向智能化方向发展。2021 年钢铁行业继续把智能制造作为"两化深度融合"的主攻方向，加快推进钢铁制造技术与信息化、智能化的融合发展。一批智能制造关键共性技术在钢铁生产场景的应用取得显著成效，钢铁行业的创新能力显著增强。"十三五"期间，钢铁领域智能制造相关的专利申请数量达到 1 516 项；国家重点研发计划专项项目 8 项；钢铁领域智能制造相关项目成果获得冶金科学技术奖一等奖 5 项、二等奖 6 项；钢铁领域智能制造相关的"冶金数字矿山""热轧智能车间"等 9 个项目被工业和信息化部评为智能制造试点示范项目；钢铁领域智能制造相关的《钢铁行业工业互联网平台》《"5G+ 工业互联网"试点示范项目》《钢铁材料产业链应用大数据平台》等 14 个项目被工业和信息化部评为工业互联网试点示范和大数据产业发展试点示范项目。一批优质钢铁企业品牌脱颖而出，中国钢铁的全球竞争力不断增强。当前，我国钢铁行业正在制定《钢铁行业智能制造三年行动计划》《钢铁行业智能制造标准体系建设指南》，这将有力地激发行业发展战略转型的新动能。

行业内，中国钢铁工业协会指导的钢铁行业智能制造联盟甄选并发布了2021 年智能制造解决方案推荐项目目录，目录中 55 项最佳解决方案项目将助推钢企加快数字化转型，树立优秀钢企品牌形象，引导企业理性选择智能制造生态中的优秀合作伙伴和解决方案。其中，5 项最佳解决方案项目分别是马鞍山钢铁股份有限公司创造的"以'智'描绘马钢智能工厂新蓝图"、中冶赛迪重庆信息技术有限公司创造的"智能化原料场"、北京京诚鼎宇系统有限公司创造的"钢铁生产全流程大数据质量分析解决方案"、鞍钢集团自动化有限公司创造的"基于工业互联网的钢铁企业智慧能源管控系统"、安徽中可智能科技有限公司创造的"连铸坯智能定尺定重系统"，8 项优秀解决方案项目是宝山钢铁股份有限公司创造的"连铸钢包浇钢优化控制系

统"等。上述以鞍钢股份有限公司创造的"钢铁全流程质量管控及大数据分析应用"为代表的 55 项最佳解决方案项目充分体现了钢铁产业链供应链上下游产、学、研、用各单位通过钢铁智能制造的实施对其供应链运营模式的变革、协同能力的提升，它们是产业链供应链上下游的产学研用各企业协同打造的，同时也应用产业链供应链领域，并助推产业链供应链提质增效。

3. 夯实两业融合，构筑服务新格局基础保障

受疫情的影响，2021 年前 4 个月我国外贸出口总额达到 6.33 万亿元，同比增长 33.8%；贸易顺差历史性地突破了万亿规模，达到 10 273 亿元，同比 2019 年增长高达 66% 以上，为物流企业打开一扇新的大门，但同时也对物流与供应链的融合提出更高的要求。目前我国物流业、制造业融合发展还存在诸多问题亟待解决，"深度融合""创新发展"和"两业融合"是国内产业升级及双循环的路径之一。

2021 年 5 月，国家发展和改革委员会经贸司委托中国物流与采购联合会组织专家发布了物流业制造业深度融合创新发展案例名单，其中包括典型案例 50 个、入围案例 60 个。钢铁行业入选的是鞍山钢铁集团有限公司发布的"大国重器的钢铁供应链新价值　物流业钢铁业融合创新案例"、太原钢运物流股份有限公司发布的"冶金物流与冶金制造业高效融合　促进制造业供应链协同发展创新案例"、无锡浦新金属制品有限公司等发布的"数字供应链助力不锈钢物流业制造业跨界融合创新案例"、马钢集团物流有限公司发布的"以多式联运助推中国宝武钢铁生态圈建设融合创新案例"、广西柳钢物流有限责任公司发布的"工业智慧运网与柳钢物流云创新发展案例" 5个典型案例。这些案例代表着钢铁行业从产业链供应链角度出发在企业主体、设施设备、业务流程、标准规范和信息资源等方面实施物流业制造业深度融合，以提高产业链供应链综合绩效水平。

4. 深化创新发展，优化供给质量新路径

供应链创新的本质是创新供给体系，优化供给质量，创造新价值，形成

新动能。发展现代供应链必然要以供给侧驱动，完善供给体系，创新有效供给，从而创造新价值、新财富、新动能；整合供应链，发展产业链，提升价值链，构建生态链，加快发展大市场、大物流、大流通，实现供应链提质、增效、降本的作用。只有构建起符合钢铁产业链、供应链、生态链发展规律的、上中下游协同发展的科学、畅通、高效、高质量的供应链，才能应对新的挑战，建立健康发展的新业态、新生态，这是 2021 年钢铁流通领域贯彻新发展理念、高质量发展的主要思路。

实践中，以厦门建发股份有限公司为代表的钢贸商认为，在数字经济时代，整个钢铁供应链发生质的变化，钢贸流通企业营利能力单一、议价能力较差、融资能力强，受到上下游压力的严峻挑战，面临从单一的贸易商向供应链运营服务商转型的问题。要构建一个高效的供应链运营服务商，其根本路径应该是供应链运营模式、产业互联网和新技术深度融合，这是一个企业往高质量方向发展的必由之路，应具备四个特征：第一，企业应该营造一个上下游连接敏捷的供应链体系，实现产业互联网；第二，规模化，将有利于供应链提质降本增效；第三，国际化，不断地提升资源配置能力；第四，交易类的必须做到结合，形成整个贸易链条。目前，建发钢铁致力于供应链的增值，通过行业资源整合、规划方案、运营服务。以大经供应链为代表的供应链金融公司推出企信宝等业务，积极响应银保监对于推进供应链金融、服务中小微企业的政策。其是以大经供应链为核心企业，为下游客户在银行获得授信，用于解决采购原材料资金的一款产品。线上申请审批，在线提款，额度最高 500 万元，单笔最长期限 3 个月，支持分批、提前还款，全流程无人工干预；"采购宝"即代采业务，基于下游客户真实的采购需求，线上提交，银行在线审批，授信期限长达 12 个月，单笔借款最长 90 天，最高可贷 5 000 万元，灵活使用，快速放款解决了中小微企业的难题。以兰格钢铁为代表的企业认为供应链信息化建设是基础，打造出来一个可视的、公开的、透明的供应链展示给银行，银行的资金就会通过这种模式进入钢铁行业。兰格钢铁网每天的报价、兰格网价的应用，同时在信息化建设上、在数字经济上助力钢铁人，为整个供应链效率的提升、成本的降低做出了贡献。

5. 聚焦绿色低碳，提升产业链供应链价值新优势

无论是应对全球气候变化，还是支撑中国制造高质量发展，钢铁工业都需要加快低碳转型，特别是 2030 年碳达峰和 2060 年碳中和的目标约束下，要尽早达到碳排放峰值，并为最终实现碳中和而持续推动深度降碳。推进钢铁工业碳达峰进而实现碳中和工作是关系到行业长期健康发展的系统工程，需要全行业及全社会的共同努力，这是一场伟大的革命，任务艰巨但意义重大。因此，钢铁行业在中国钢铁工业协会指引下科学、系统、务实地制定低碳发展行动方案和路线图，加快推进钢铁产业链供应链碳减排工作，全面提升我国钢铁产业链供应链绿色低碳发展水平，让低碳转型真正成为钢铁产业链供应链实现高质量发展、提高竞争力的重要引擎。

2021 年钢铁产业链供应链低碳重点工作主要还是夯实基础。一是，夯实组织保障。由中国钢铁协会发起并组织成立了低碳推进委员会，建立了顾问委员会、专家委员会和低碳发展研究工作组、低碳技术研究工作组、低碳标准研究工作组。二是，夯实人力资源的保障。由中国钢铁协会发起并组织 2 万余名企业领导、专家进行线上学习、培训，提高钢铁行业对碳排放管理、碳配额、碳交易的初步认识和强化减碳降耗的基本理念。三是，夯实统计体系。由中国钢铁协会发起并组织建立了钢铁行业碳排放统计体系，编制了统计汇总软件。该系统目前已经完成测试工作，并于 2021 年 9 月上线。9 月组织全行业开展碳排放统计工作，科学制定方案，反映行业诉求，争取行业最大权益，安阳钢铁、联鑫钢铁、山钢莱钢等企业已进行了试点填报。四是，夯实技术保障。由中国钢铁协会发起并组织开展了低碳技术征集调研工作。通过组织开展低碳技术需求征集调研工作，低碳推进委员会目前初步整理、提出 15 项基础前沿低碳技术和 71 项产业化推广应用技术清单。最终，形成 83 项低碳标准项目报工业和信息化部科技

司,并申请立项 [3]。

11.2 2022年钢铁产业链供应链发展展望

2022 年中国钢铁将站在更高的视角谋划布局,立足新阶段,服务新格局,继续聚焦全面提升产业基础和供应链水平这一根本任务,更关注发展的质量和结构优化,持续推进国际化进程,为实现低碳绿色、高质量发展发挥出更大时代价值。

11.2.1 全面加强标准化与创新互动发展

只有真正加强技术创新,才能把钢铁强国的基础做得更实。按照高质量发展要求,新的时期钢铁工业将逐步走上减量化发展路线。企业发展的思路,也要从过去资源、能源、人力、投入为主的要素驱动,向以提高效率、科技创新为主的创新驱动转变。2021 年 10 月,中共中央、国务院印发《国家标准化发展纲要》(以下简称《纲要》),这是以习近平同志为核心的党中央立足国情、放眼全球、面向未来做出的重大决策,是新时代标准化发展的宏伟蓝图,也是指导中国钢铁产业链供应链创新发展的重要方针。

习近平总书记明确要求以标准助力创新发展、协调发展、绿色发展、开放发展、共享发展,强调只有高标准才有高质量。要将新发展理念贯彻到标准化工作的各个环节和各个方面,充分发挥标准在引领高质量发展中的作用。在创新发展方面,要求更好发挥标准作为战略性创新资源作用,以标准搭建创新成果与产业、市场之间的桥梁。在协调发展方面,需要健全统一、协同、高效的标准化工作机制,推动城乡、区域协调发展和一二三产业融合发展。在绿色发展方面,要求构建覆盖广泛、技术领先的生态文明标准体系,促进人与自然和谐发展。在开放发展方面,要求推动规则标准等制度型开放,促进国际经贸往来和产业合作。在共享发展方面,需要推进基本公共服务标准化建设,使发展成果更多更公平惠及全体人民。中国钢铁在产业链供应链创新发展方面将坚持以习近平新时代中国特色社会主义思想为指导，准确把握七个方面重点任务，整体推进落实科技创新支撑高质量发展相关工作。一是推动标准化与科技创新互动发展，二是提升产业标准化水平，三是完善绿色发展标准化保障，四是加快产业链供应链建设标准化进程，五是提升强化贸易便利化标准支撑，大力推进中外标准互认，六是组织团标的制定、实施和应用，加强标准制定和实施的监督，七是深入开展对标挖潜工作，稳定钢铁企业经济效益。

11.2.2 着力提高产业链供应链自主可控水平

采取有效措施，提高行业资源、能源保障能力是中国钢铁产业链供应链自主可控重中之重的工作。按照增强产业链供应链自主可控能力的原则，2022年中国钢铁将充分利用国内、国际两个市场两种资源，建立多元化、多渠道、多方式稳定可靠的资源保障体系，提升钢铁行业产业链水平和抗风险能力。例如继续控制粗钢产量，降低进口铁矿石消耗；研究增加国内铁矿资源开采和供给，力争"十四五"期间国内铁精矿产量明显增加；加大海外铁矿资源开发力度；培育一批优质废钢加工行业的龙头企业，放开再生钢铁料进口限制等；研究建立更加公正透明的铁矿石合理定价体系以及提升供应链物流能力等，多措并举推动我国铁素资源保障问题得到根本改善。

维护钢铁行业产业链供应链安全稳定、提升我国战略资源保障能力的一个重要方式就是提高行业集中度，这也是解决行业小、散、乱和过度无序竞争问题的手段，更是培育具有全球竞争力的世界一流企业、实现企业高质量发展的必然要求。目前我国许多国有钢铁企业已经实现了整合，例如宝武集团大规模快速整合、鞍本重组整合等。这些大型钢铁企业的整合不仅促进了我国钢铁产业集中度的提升，也直接改变了世界钢铁竞争格局。这意味着我国钢铁产业的集中度将会进入快速上升期，推动钢铁行业整体迈向高质量发展，增强中国钢铁产业链供应链自主可控能力。

11.2.3　深入推进产业链供应链数字经济发展

2022 年钢铁行业将紧扣三个要素，即数据资源、现代信息网络和信息通信技术，围绕"数字产品制造业、数字产品服务业、数字技术应用业、数字要素驱动业、数字化效率提升业"5 大业态继续持续创新，推动钢铁产业链供应链的高质量发展。

数字产品服务业是指钢铁业完全依赖于数字技术、数据要素的各类经济活动，解决了一直以来困扰钢铁企业从制造商向服务商转型的技术难题，解决了供应链数据共享协同共赢的技术难题，解决了数据咨询服务的技术难题。2022 年钢铁产业链供应链将在如下三方面进一步提升数字产品服务业水平。一是，数字产品服务业推动钢铁制造商进一步向服务商转型。如塔塔钢铁公司推出的两种用于钢结构空心型材的新型在线工具，使得钢铁企业要做的不止是供应钢材，还与客户的工作顺序相结合。钢铁制造商越来越信任数字化，提供数字产品服务。二是，数字化企业协同钢铁产业链供应链企业实施的网络协同制造服务、大规模个性化定制服务、远程运维服务等，为钢铁产业链供应链客户提供新模式新业态服务。三是，数据咨询服务。钢铁产业链供应链上产生了众多的数据，数字化公司将根据产生的公共数据提供相关数据咨询服务。

数字技术应用业方面，传统 IT 架构的缺点，是不能很好地实现多种数据类型集成、共享与互联互通，以华为 5G To B 项目组为代表的数字技术应用业提出的"通信＋行业双向推动，加速工业互联网升级"解决了该问题，并反映了通信设备商在钢铁产业链供应链数智化升级中的角色定位和服务关键。随着新一轮的转型发展，2022 年钢铁企业更愿意了解外部公司能够提供的 5G、云能力、AI 能力的价值，将华为等企业对通信的理解与钢铁人对产业链供应链的理解结合，从而催生新的技术手段，为钢铁产业链供应链数字化转型创造更大的增量。目前钢铁产业链供应链领域较多的应用有远程控制、视频监控回传、云化、数据采集与预测性维护、AR 辅助、机器视觉、工业互联网等。2022 年将进一步完善解决方案，比如在钢铁行业需要适应高温环境，做好防尘、防水功能；比如大带宽和低时延能做到什么程度，能满足钢铁行业哪些需求；比如工厂希望数据不出园区，甚至在光纤挖断的情况下都能保证网络运行不中断等。

数字化效率提升业指产业数字化，是应用数字技术和数据资源为钢铁产业带来的产出增加和效率提升，是数字技术与实体经济的融合。在钢铁产业链供应链的典型应用是"智能制造"。通过多年现代化数据资源体系建设、生产体系数字化改造、生态体系数字化建设，2022 年钢铁产业链供应链数字化领域将纷纷形成"一网多平台"的竞争优势。未来，钢铁行业应当且有能力引领产业链供应链智能制造的健康发展。

11.2.4　扎实开展产业链供应链绿色发展行动

在绿色低碳发展方面，随着国家对环保要求日趋严格，绿色发展已经融入钢铁企业发展战略中，目前的超低排放改造在多地已经和限产、电价等多种直接影响企业生产经营的因素挂钩。2022 年中国钢铁行业将在共性技术创新中进一步加强有效联合与协同，借鉴世界同行在低碳冶金等突破性技术研发中的经验，围绕产业链供应链组建创新利益共同体，争取政府和金融资本支持，以核心优势企业为主体，多家企业、机构参与，联合开发、共担风险、共享成果。

"十四五"时期也是我国钢铁行业实现低碳发展的重要窗口期。为实现碳达峰、碳中和目标，推动钢铁行业低碳转型发展，钢铁行业需改善生产流程，更新生产设备，使用低碳能源，研发深度脱碳、零碳技术。在这个过程中，高能耗、低效益的中小企业将被淘汰，实力雄厚的大型企业通过低碳创新，市场竞争力将进一步增强，钢铁产业链供应链的优化创新将快速进行并进一步推动中国钢铁行业整体迈向高质量发展。

11.3　2022年钢铁产业链供应链发展建议

11.3.1　凭借标准引领推动产业链供应链高质量发展

高质量转型成功的标志是什么呢？曾任国际标准化组织（ISO）主席、世界钢铁协会主席、中国钢铁工业协会会长、鞍钢集团公司党委书记与总经理的张晓刚认为，标志是"中国能不能培养出几个、十几个甚至是几十个能站在全球产业链顶端的世界一流企业"。这些企业应具有五个特征和三种能力。五个特征是能引领全球的科技创新、能引领全球的管理创新、在全球规则主导中能起主导作用、在承担全球社会责任中起引领作用、在全球产业链供应链资源配置中起主导作用。三种能力是最先进标准的自我生成能力、自我复制能力、自我管理能力。我国钢铁企业在产业链供应链节点上要想与产业链供应链相关企业协同创新发展，共同迈向高质量发展之路，需要切实可行的指导纲要。《纲要》的出台，为钢铁产业链供应链上各企业如何迈向高质量发展之路提供了方向及实施路径，具有引领性作用和重要的指导意义。建议按照《纲要》的指导推动标准工作的全域发展、促进标准与质量基础设施的融合发展，凭借标准引领推动产业链供应链高质量发展。

11.3.2　依托数字赋能增益产业链供应链基石

数字化是钢铁产业链供应链转型升级的必然趋势，先进的科学技术与现代组织方式相融合，重构组织模式，将不断提高钢铁产业链供应链网络化、智慧化、服务化水平，加速重构价值链，实现高效稳定、协同有序、敏捷柔性、绿色低碳、安全韧性的新型生产与物流组织形态。于钢铁产业链供应链最大的优势是数据量大、智能制造技术基础比较好。具体而言，一是要大力依托数字化，赋能增益产业链供应链，将中国钢铁的产能优势转化为产业优势；二是要通过钢铁产业链供应链数字化，重构生产组织模式，延伸产业链条，实现产业间资源要素与生产条件的优化配置，有序协同，提高效率，降低成本；三是要围绕制造商向服务商转型升级目标重新定义商业模式，推进产业服务化进程；四是依托数字化，建设产业生态圈，提升钢铁产业链供应链整体绩效；五是进一步提升数字价值化能力，探索供应链金融，开创产业链发展新格局，挖掘钢铁产业链供应链价值创造潜力。

11.3.3　围绕产业链双碳目标保障供应链安全

双碳目标的核心逻辑是倒逼工业和社会经济体系摆脱资源依赖、实现系统改造、快速具备未来的差异化竞争力。建议我国钢铁产业链供应链要围绕实现双碳目标保障其安全：一是要将生态环境治理模式进一步从末端治理向源头防治转变；二是依靠生产工艺创新实现未来钢铁产业链供应链能源转型变革；三是在双碳目标下，将碳排放权作为一种重要的资源，激发钢铁产业链供应链各类排放主体和市场主体积极参与运作，从而以灵活的市场机制促进碳排放额合理配置，盘活"碳经济"。

11.4　参考文献

[1]　工信部材料工业司.2021年1-10月钢铁行业运行情况 [EB/OL].

[2]　樊三彩.何文波：及早谋划、立说立行，推动钢铁行业真正实现高质量发展 [N].中国冶金报，2021-09-29（1）.

[3]　赵萍.钢铁行业低碳工作有序推进 [N].中国冶金报，2021-08-10（1）.

附录：国内外供应链发展大事记

中国供应链发展大事记

2020年9月4日 ● ·· 2020厦门供应链创新人才发展论坛在福建省厦门市举办。

2020年9月27日 ● ·· "供应链——产业转型升级新动能，助力产业链上下游企业创新发展做大做强"活动在广西省贺州市举办。

2020年9月 ● ·· 中国工业经济联合会、中国就业培训技术指导中心共同主办2020年全国行业职业技能竞赛——"物产中大杯"首届全国供应链管理职业技能竞赛。

2020年10月12日 ● ·· 首届国有企业采购供应链创新峰会暨2020采购管理提升高级研修班在上海市召开。

2020年10月28日 ● ·· 江苏省张家港市政府和中国物流与采购联合会联合发布了首个梳理试点发展成果的城市供应链白皮书——《张家港市产业供应链发展白皮书》，系统地介绍了全国供应链创新与应用试点城市张家港推动产业供应链建设的实践经验。

2020年11月19日—20日 ● ·· 第十一届全球采购（武汉）论坛暨采购博览会在武汉市召开，其间还举办了2020采购人峰会及2020公共采购数智化采购峰会。

2020年12月8日 ● ·· 在中国物流与采购联合会的引荐下，全国供应链创新与应用试点城市张家港与试点企业厦门建发股份开展合作，共建供应链产业生态新蓝本。

2020年12月11日 中共中央政治局召开会议，分析研究2021年经济工作。会议提出，要增强产业链供应链自主可控能力。

2020年12月22日—23日 由工业和信息化部运行监测协调局主办，中国物流与采购联合会采购与供应链管理专业委员会、中国信息通信研究院协办的"十四五"制造业供应链发展系列座谈会通过视频会议方式进行。三场座谈会分别就"制造业供应链""制造业与物流业融合发展""制造业与现代流通业融合发展"展开研讨。

2020年12月26日 由中国物流与采购联合会主办，中国物流与采购联合会采购与供应链管理专家委员会承办的"首届中国供应链管理年会"在上海市举行，中国物流与采购联合会会长何黎明出席并致辞。

2020年12月26日 "长三角产业链供应链大数据平台"项目在上海青浦举行的首届中国供应链管理年会上正式启动建设。

2020年12月29日 人力资源和社会保障部、中国物流与采购联合会在京隆重举行全国物流行业先进集体、劳动模范和先进工作者表彰大会。

2021年2月25日 杭州市委、杭州市人民政府发布了《关于加快建设"未来工厂"的若干意见》，指出大力培育冠军型"链主工厂"。

2021年3月1日 国务院新闻办公室举行新闻发布会，工业和信息化部部长肖亚庆详解产业链、供应链如何"强链""补链"。

2021年3月14日　《中华人民共和国国民经济和社会发展第十四个五年规划和2035年远景目标纲要》（以下简称《纲要》）提出"分行业做好供应链战略设计和精准施策，形成具有更强创新力、更高附加值、更安全可靠的产业链供应链"。据统计，《纲要》13处提到产业链供应链、6处提到公共采购，这是"五年规划"中首次如此高频部署采购与供应链。

2021年3月16日　国家发展和改革委员会等13部门发布《关于加快推动制造服务业高质量发展的意见》（发改产业〔2021〕372号，以下简称《意见》），探索实施制造业供应链竞争力提升工程。《意见》提出，开展制造业供应链协同性、安全性、稳定性、竞争力等综合评估，研究绘制基于国内国际产业循环的制造业重点行业供应链全景图；鼓励企业积极参与全球供应链网络，建立重要资源和产品全球供应链风险预警系统；研究国家制造业供应链安全计划，建立全球供应链风险预警评价指标体系。

2021年3月30日　商务部、工业和信息化部、生态环境部、农业农村部、中国人民银行、国家市场监督管理总局、中国银行保险监督管理委员会、中国物流与采购联合会等8单位，联合发布《关于开展全国供应链创新与应用示范创建工作的通知》（商流通函

〔2021〕113号），在供应链创新与应用试点基础上，进一步开展全国供应链创新与应用示范创建工作。

2021年4月2日 广东省战略性产业集群联动协调推进工作部署视频会议在广州召开。会议正式宣布建立以省长、制造强省建设领导小组组长为"总链长"的省领导定向联系负责20个战略性产业集群的"链长制"。

2021年4月16日 浙江省人民政府国有资产监督管理委员会发布《浙江省国资国企数字化改革行动方案》（2021—2025年），全力推动浙江省国资国企数字化改革走在前、出实效、有突破。

2021年4月19日 中国银行发布《关于创新供应链金融服务模式全力支持产业链供应链现代化水平提升的十五条措施》。

2021年4月20日 博鳌亚洲论坛2021年年会开幕式在海南博鳌举行，国家主席习近平以视频方式发表题为《同舟共济克时艰，命运与共创未来》的主旨演讲。习近平主席在主旨演讲中对供应链、产业链加以强调。他指出，开放是发展进步的必由之路，也是促进疫后经济复苏的关键。我们要推动贸易和投资自由化便利化，深化区域经济一体化，巩固供应链、产业链、数据链、人才链，构建开放型世界经济。要深化互联互通伙伴关系建设，推进基础设施联通，畅通经济运行的血脉和经络。要抓住新一轮科技革命和产业变革的历史机遇，大力发展数字经济，在人工智能、生物医药、现代能源等领域加强交流合作，使科技创新成果更好造福各国人民。在经济全球化时代，开放融通是不可阻挡的历史趋势，人为"筑墙""脱钩"违背经济规律和市场规则，损人不利己。

2021年4月28日 交通运输部等8部门联合发布《关于做好标准化物流周转箱推广应用有关工作的通知》（交办运〔2021〕30号），要求推广应用标准化物流周转箱，加快推进物流包装绿色转型，着力构建现代物流体系，为服务构建新发展格局提供有力支撑。

2021年4月29日 河北省发布《河北省人民政府关于建立健全绿色低碳循环发展经济体系的实施意见》，提出要全方位全过程推行绿色规划、绿色设计、绿色投资、绿色建设、绿色生产、绿色流通、绿色生活、绿色消费，使发展建立在高效利用资源、严格保护生态环境、有效控制温室气体排放的基础上，确保实现碳达峰、碳中和目标。

2021年5月7日 中国人民银行长沙中心支行联合13部门出台《关于促进湖南省供应链金融规范发展的若干措施》，围绕湖南省20条新兴优势产业链和先进制造业集群，建立产业链重点核心企业名单库，并推行产业链主办行制度，实行"一链一策"，从信贷、债券等渠道加大融资支持。

2021年5月21日 第二届国有企业数智化采购与智慧供应链高峰论坛在北京举办。

2021年5月24日　●··　国家发展和改革委员会、自然资源部联合印发《海水淡化利用发展行动计划（2021—2025年）》，特别强调要提升科技创新和产业化水平，做好海水淡化产业补链、强链、延链工作，保障产业链供应链安全。

2021年5月26日　●··　工业和信息化部、科学技术部、财政部、商务部四部委联合印发《关于印发汽车产品生产者责任延伸试点实施方案的通知》（工信部联节函〔2021〕129号），强调汽车生产企业应建立绿色供应链管理体系，将绿色供应链管理理念纳入企业发展战略规划。

2021年6月3日—4日　●··　2021全国公共资源交易区块链高峰论坛、2021全国采购与供应链区块链高峰论坛在长沙市召开。

2021年6月4日　●··　国务院国有资产监督管理委员会在中国一汽以"现场+视频"形式召开中央企业改革三年行动推进会，强调要把推进改革同现代产业链"链长"、碳达峰碳中和要求等紧密结合。

2021年6月9日　●··　湖南省工业和信息化厅联合中国人民银行长沙中心支行在长沙市举办湖南产业链"一链一行"第一批名录发布暨供应链金融培训会。

2021年6月18日　●··　山东省淄博市地方金融监管局等五部门联合印发《关于深化银担合作助力供应链金融发展的实施意见》（淄金监发〔2021〕23号），提出7条措施推进供应链金融突破发展。

2021年7月6日　●··　广东省人民政府印发《广东省制造业数字化转型

实施方案（2021—2025年）》。

2021年7月7日 福建省住房和城乡建设厅发布《关于开展工程总承包延伸全产业链试点的通知》（闽建筑〔2021〕10号），决定在11个工程项目中开展工程总承包延伸全产业链试点工作。

2021年7月12日 商务部、工业和信息化部、生态环境部、农业农村部、中国人民银行、国家市场监管管理总局、中国银行保险监督管理委员会、中国物流与采购联合会等8单位联合印发通知，公布首批全国供应链创新与应用10个示范城市和94家示范企业。

2021年7月14日 工业和信息化部发布《新型数据中心发展三年行动计划（2021—2023年）》，其中强调要以赋能数字经济发展为目标，推动新型数据中心建设布局优化、网络质量提升、算力赋能加速、产业链稳固增强、绿色低碳发展、安全保障提高，打造新型智能算力生态体系，有效支撑各领域数字化转型，为经济社会高质量发展提供新动能。

2021年7月18日 广西壮族自治区人民政府发布《关于以中国（广西）自由贸易试验区为引领加快构建面向东盟的跨境产业链供应链价值链的实施意见》，打造面向东盟的跨境产业链供应链价值链。

2021年7月29日 国家发展和改革委员会发布《关于推广借鉴深圳经济特区创新举措和经验做法的通知》（发改地区〔2021〕1072号），对47条"深圳经验"进行全国推广。这47条"深圳经验"中特别提出要推

动产业链"全链条、矩阵式、集群化"发展，组成建楼"联合体"等。

2021年8月9日 商务部等9部门联合印发《商贸物流高质量发展专项行动计划（2021—2025年）》（商流通函〔2021〕397号），特别强调，要提升供应链物流管理水平。鼓励商贸企业、物流企业通过签订中长期合同、股权投资等方式建立长期合作关系，将物流服务深度嵌入供应链体系，提升市场需求响应能力和供应链协同效率。引导传统商贸企业、物流企业拓展供应链一体化服务功能，向供应链服务企业转型。鼓励金融机构与商贸企业、物流企业加强信息共享，规范发展供应链存货、仓单、订单融资。

2021年8月19日 广西壮族自治区人民政府办公厅发布《关于印发加快广西供应链金融发展若干措施的通知》（桂政办发〔2021〕86号），强调要围绕广西"7＋4"产业链打造特色供应链融资模式，探索建立广西供应链金融服务平台。

2021年8月20日 中国人民银行济南分行、山东省工业和信息化厅等8单位联合印发《关于推动供应链金融创新规范发展的实施意见》（济银发〔2021〕130号）。这是山东省在全国率先出台财政金融融合支持供应链金融发展的政策基础上，又一推动供应链金融深化发展的重要举措。

2021年8月20日 湖南省人民政府办公厅发布《支持先进制造业供应链配套发展的若干政策措施》和《支持有

色金属资源综合循环利用产业延链强链的若干政策措施》（湘政办发〔2021〕49号）。

2021年9月10日—11日 中国－东盟博览会期间，由工业和信息化部、广西壮族自治区人民政府共同主办的第二届"一带一路"国际产业合作论坛暨中国－东盟产业链供应链价值链融合发展论坛在广西壮族自治区南宁市举行。

2021年10月10日 中共中央、国务院印发《国家标准化发展纲要》（简称《纲要》），为未来15年我国标准化发展设定了目标和蓝图。《纲要》是新中国成立以来第一部以党中央、国务院名义颁发的标准化纲领性文件，在我国标准化事业发展史上具有重大里程碑意义。

2021年10月14日—16日 2021中国汽车供应链大会在重庆召开。

2021年10月16日 2021中国政企采购供应链生态峰会在北京隆重召开。

2021年10月19日 山东省潍坊市印发《关于推行先进制造业重点产业链"链长制"的实施意见》。

2021年10月24日 《中共中央　国务院关于完整准确全面贯彻新发展理念做好碳达峰碳中和工作的意见》发布。

2021年10月26日 国务院印发《2030年前碳达峰行动方案》。

2021年10月29日 2021全球产业链供应链数字经济大会在深圳召开。

2021年11月7日 在第四届中国国际进口博览会上，第二届中国工程建设行业供应链研究与创新发展论坛在国家会展中心（上海）举行。

2021年11月16日 ●·· 重庆市人民政府办公厅印发《关于提升制造业产业链供应链现代化水平的实施意见》，提出了"到2025年构建起先进制造业集群骨架体系"的发展目标。

2021年11月29日 ●·· 国家发展和改革委员会印发《关于做好"十四五"首批国家物流枢纽建设工作的通知》（发改经贸〔2021〕1697号，简称《通知》），将25个枢纽纳入"十四五"首批国家物流枢纽建设名单，为加快建设"通道+枢纽+网络"的现代物流运行体系、支撑构建新发展格局奠定了坚实基础。

2021年12月3日 ●·· 中国铁路物资工业（集团）有限公司发布《关于中国铁物集团和中国诚通集团物流板块专业化整合的进展公告》，公司间接控股股东中国铁物集团已完成工商登记信息变更，名称变更为"中国物流集团有限公司"。

2021年12月8日—9日 ●·· 2021年第二届中国供应链管理年会暨全国供应链管理优秀成果展会在福建省厦门市成功召开。由中国就业培训技术指导中心、中国工业经济联合会主办，中国物流与采购联合会承办的2021年全国行业职业技能竞赛——全国工业经济应用创新职业技能竞赛供应链管理师赛项闭幕式暨颁奖典礼顺利举行。9日，中国物流与采购联合会在厦门召开采购与供应链专家委员会2021年工作会。

2021年12月8日—10日 ●·· 中央经济工作会议在北京举行。2021年中央经济工作会议对2022年经济工作定调，"稳字当头、稳中求进"。其中，1处提及"物流"（即"加快形成内外联通、安全高效的物流网络"），1处提及"供应链"（即"保障产业链供应链稳定"）。

2021年12月11日　全国发展和改革工作会议在北京召开。会议研究部署2022年发展改革重点任务。会议强调，明年在有效扩大消费、促进投资，加快推进产业结构调整优化等的同时，还将重点做好能源、粮食、产业链供应链的安全稳定工作。

2021年12月18日　国有资产监督管理委员会召开中央企业负责人会议，要求切实增强产业链供应链韧性和竞争力。

全球供应链发展大事记

2020年9月15日　世界经济论坛（WEF）官方发布新一批"灯塔工厂"名单，甄选10家新工厂加入全球灯塔网络，其中包括阿里巴巴、美的集团。至此，全球"灯塔工厂"增至54家，中国企业增至16家，中国是全球拥有"灯塔工厂"最多的国家。

2021年1月29日　中国物流与采购联合会副会长蔡进出席国际采购与供应管理联盟（IFPSM）董事会视频会议。来自德国、意大利、奥地利、芬兰、肯尼亚、克罗地亚、斯洛文尼亚、哥伦比亚、马来西亚、菲律宾等国家的董事会成员参加了会议。

2021年2月24日　美国总统拜登正式签署一项行政命令，对4种关键产品的供应链进行为期100天的审查，分别为

半导体芯片、电动汽车大容量电池、稀土金属、药品。该命令还以美国国防部用来加强国防工业基础的程序为蓝本，指导了 6 项部门审查，涉及国防、公共卫生、通信技术、运输、能源、食品生产领域。

2021年3月23日 中国台湾地区长荣海运的"长赐号"在非洲苏伊士运河距离南端河口约 6 海里（1 海里约为 1.852 千米）处意外搁浅，导致苏伊士运河最高船舶等待数量达 400 多艘。5 月 23 日，船东收到了苏伊士运河管理局赔付 9.16 亿美元（当日汇率：1 美元约为 6.43 元人民币）声明，以弥补搁浅期间的损失。

2021年5月20日 高德纳（Gartner）咨询公司 2021 年供应链 25 强榜单公布,中国企业阿里巴巴与联想上榜,分列第 10 和第 16 位。

2021年12月8日 国际采购与供应管理联盟亚太区年会以线上、线下结合形式召开。国际采购与供应管理联盟亚太区主席、中国物流与采购联合会副会长蔡进出席并致辞。会议由国际采购与供应管理联盟亚太区秘书长、中国物流与采购联合会国际合作部主任肖书怀主持。

2021年12月10日 美国财政部将中国、俄罗斯、朝鲜、缅甸、孟加拉国 5 个国家的 15 名个人及 10 个实体列入美国财政部海外资产控制办公室的制裁名单，其中有 3 名中国公民及多家中国企业。12 月 16 日美国商务部将 34 家中国企业列入"实体清单"。

2021年 全球疫情的反弹导致部分港口拥堵严重，国际物流供应链不畅、船舶运行效率和空箱周转率大幅下降。特别是 2021 年 4 月，受苏伊士运河堵航等事件的影响，包括中国在内各主要远洋航线的运力持续紧张，运力供需失衡，全球的运价推向高位。